AF452617

LES
GRISETTES
DE PARIS.

UN BAISER *dont le bruit vint jusqu'à moi*
fit expirer la parole sur les lèvres d'Agathe.

Fiez-vous donc au CHAPEAU DE FLEUR D'ORANGE.

AMOURS ET INTRIGUES

DES

GRISETTES DE PARIS,

OU REVUE DES BELLES,

DITES DE LA PETITE VERTU,

Contenant, 1°. des Anecdotes galantes sur ces Demoiselles ; 2°. un exposé de leurs mœurs, coutumes et usages, d'après les différens quartiers qu'elles habitent ; 3°. une nomenclature des jardins et endroits publics où elles se réunissent le plus fréquemment ; 4°. une correspondance romanti-philosophique entre une Lingère et une Modiste ;

Le tout rédigé d'après les renseignemens donnés par une grisette sur le retour, et publié par

J.-B. AMBS.

DEUXIÈME ÉDITION.

Prix : 1 fr. 50 cent.

PARIS,

LIBRAIRIE FRANÇAISE ET ÉTRANGÈRE,

au Palais-Royal, galerie de Pierre, N°. 185.

1830.

PRÉFACE.

Je me serais volontiers dispensé de placer une préface en tête de ce livre; mais, comme il faut se conformer à la mode qui en exige une maintenant en tête de la plus petite brochure, quoique personne ne soit tenté de la lire, je me suis résigné à user un peu d'encre (qui sans contredit aurait pu être employée plus utilement), pour dire en deux mots à mes lecteurs qu'ils ne pourraient, par exemple, faire un meilleur emploi de leur argent qu'en achetant ce livre ; car, outre qu'ils s'acquerront par là la reconnaissance de l'éditeur, ils auront encore l'avantage d'avoir un ouvrage

*

très-utile, en ce qu'il sera pour eux comme une égide contre les traits de la ruse et de la séduction : armes dont nos grisettes se servent si habilement. Ainsi, comme le corbeau devine de fort loin l'odeur de la poudre, et se met en garde contre le chasseur ; de même, grâce à nos instructions, le lecteur devinera la grisette sous quelque forme qu'elle se présente à lui, et il se tiendra pour averti.

C'est surtout aux nombreux étrangers qui viennent visiter la capitale que nous croyons rendre un véritable service en publiant ce livre, dont les documens nous ont été fournis par une grisette déjà sur le retour. L'expérience a démontré que ce genre de femmes est mille fois plus dangereux que celles qui font ouvertement un trafic de leurs charmes, en ce qu'avec celles-ci, on sait du moins à quoi s'en tenir sur l'article des mœurs; au lieu que les premières, en affectant une réserve et une décence trop souvent éloignée de leur caractère, enlacent, avec un art diabolique, dans leurs filets plus d'un pauvre jeune homme qui y va bon jeu, bon argent, et qui, après plusieurs mois de constance, de larmes et de soupirs, arrache, il est vrai, la rose tant désirée; mais quelle rose!... C'est qu'il n'en avait pas aperçu les épines; c'est qu'il croyait trouver de l'or où il n'y avait que du clinquant; c'est que Sophie paraissait si modeste, si réservée; c'est que sa pudeur s'alar-

mait au moindre mot un peu gri-
vois, au plus petit geste un peu
trop prononcé, c'est que..... c'est
que..... enfin, que sais-je ! Demandez plutôt à tels ou tels commis en
nouveautés et autres, ils vous en
diront des nouvelles !!!

Pour rédiger ce petit ouvrage,
nous avons, outre les renseignemens
donnés par la grisette mentionnée
ci-devant, mis à contribution la
plupart des charmantes lithographies
qui ont paru jusqu'à ce jour sur les
grisettes ; les situations comiques
que présentent ces lithographies,
que l'on doit en partie aux crayons
pleins de vérité de MM. Charlet,
nous ont engagés à les réunir, pour
ainsi dire, dans un même cadre ;
nous aurions pu citer à part chaque

anecdote qui aurait fourni le sujet
de telle ou telle lithographie; mais,
nous avons pensé qu'il y aurait plus
de mérite et de naturel à reproduire
et ramener dans les conversations
qu'ont ces dames entr'elles, et suivant la diversité des états, les traits
heureux dont ces dessins fourmil-
lent, et qui sont une peinture aussi
fidèle que satirique des mœurs de
nos grisettes. Traiter un tel sujet
sérieusement, c'eût été s'exposer à
voir le lecteur après avoir lu quelques pages, bâiller, s'étendre et
laisser tomber le livre en s'endor-
mant : c'est ce que nous avons voulu éviter, en répandant sur l'ouvrage
la teinte de gaieté qu'il était susceptible de recevoir. Nous avons dis-
posé nos tableaux de façon à pou-

voir faire passer sous les yeux de nos lecteurs, en quelques instans, tous les rangs de la hiérarchie des grisettes, depuis nos élégantes modistes, grisettes du premier ordre, jusqu'aux médiocres grisettes des faubourgs ; c'est-à-dire, les ravaudeuses, découpeuses de schalls, etc.

Cet ouvrage, n'ayant d'autre but que de procurer quelques instans de délassement à nos lecteurs, et les prémunir, ainsi que nous l'avons déjà dit, contre les séductions de ces dangereuses syrènes dont Paris abonde, nous l'abandonnons à sa destinée, en souhaitant que son entrée dans le monde lui soit favorable. C'est un vœu que partage bien sincèrement l'éditeur, qui ne demande pas mieux que de faire suivre cette première édition d'une seconde, voire même d'une troisième: n'est-il pas vrai, M. l'éditeur, que vous ne demandez pas mieux?—Certainement.—Eh bien! prenez patience, le temps amène bien des choses, et peut-être bien que.... enfin, nous verrons!

TABLE DES CHAPITRES.

FIN DE LA TABLE.

LES GRISETTES.

CHAPITRE PREMIER.

QUARTIER DU PALAIS-ROYAL.

ARTICLE PREMIER.

MODISTES.

Afin de procéder méthodiquement à la revue des grisettes des divers quartiers de Paris, nous commencerons par mettre à contribution les environs du Bazar de l'industrie universelle, autrement dire du Palais-Royal; c'est dans les rues de Richelieu, Neuve des Petits-champs, Vivienne, Feydeau, etc., que nous prendrons d'abord nos mo-

dèles : ce quartier est celui particuliè-
rement de nos fringantes modistes. Elles méritent certainement l'honneur de
tenir le premier rang dans ce recueil,
et nous nous faisons un devoir de le
leur assigner.

Une démarche aisée quoiqu'un peu
prétentieuse, une mise décente, un lan-
gage recherché dans la conversation :
voilà ce qui distingue les modistes d'a-
vec les autres grisettes ; mais ce lan-
gage recherché dont je parle, elles ne
s'en servent qu'avec *les pratiques* ; entr'elles c'est bien différent, et telle personne qui sortirait d'un tête-à-tête avec
l'une d'elles, ne serait pas peu surprise
si elle l'entendait quelques instans après
causer avec une de ses camarades, de
lui voir substituer aux termes choisis
dont elle se servait tout-à-l'heure les
phrases les plus triviales, et les expressions les plus communes. C'est le phos-
phore qui brille, et qui dans le fond
n'est qu'une fétide matière.

Entrons un instant dans un atelier
de modistes, et écoutons leur conver-

sation. C'est le lundi matin ; encore fatiguée des plaisirs de la veille, on est peu disposée au travail ; mais en revanche, on l'est beaucoup à causer. On a tant de choses à se dire ; on a été si heureuse le dimanche, qu'il faut bien faire jouir ses compagnes du tableau des plaisirs qu'on a goûtés. A dire le vrai, ce n'est pas tout-à-fait dans l'intention de leur faire partager la satisfaction intérieure que l'on éprouve ; mais bien plutôt pour exciter leur envie. Il est si doux de conter le triomphe que l'on a remporté sur de nombreuses rivales, de détailler la mise élégante qui attirait tous les regards, et d'exciter par là le dépit de celle qui a été obligée de garder le magasin par tour de rôle.

Eh bien ! Sophie, demande Aglaé, es-tu contente de ta journée d'hier ?

SOPHIE.

Extrêmement satisfaite, ma bien bonne, j'ai été à Tivoli ; je ne crois pas

que l'on puisse jamais passer un dimanche plus agréablement.

AGLAÉ.

Ah ! c'est que tu ne sais pas l'emploi
que j'ai fait de ma journée moi, sans
quoi tu n'avancerais pas cela. Ma très-
chère, j'ai fait la conquête d'un petit
commis en nouveautés, que j'ai joli-
ment fait *tourner*; il était de l'humeur la
plus facile. Figure-toi, ma petite, un
petit blond bien sentimental, bien lar-
moyant, bague et collier en cheveux,
un véritable petit Amadis. Ah! ah! ah!

SOPHIE.

Dieu! quelle différence de conquête
avec celle que j'ai faite: un grand brun,
bel homme, moustache, éperons et cravache ; ma foi, pour ne triompher que
d'un fade blondin, je sais bien que je
ne me mettrai jamais en frais.

AGLAÉ.

C'est possible, je les aime comme

ça moi, parce qu'on peut faire aller ça des mois entiers sans que ça s'en doute, au lieu que tes grands bruns c'nest pas ça du tout, parce qu'au moindre anichroche, à la moindre chose qui ne va pas à leur idée....., tu m'entends....; au définitif, je n'aime pas les gens qui portent cravache. Tu dois te rappeler qu'il en a *cuit* à Clarice, pour avoir eu, comme toi, la manie des hommes à cravaches et à moustaches, parce que l'un ne va guère sans l'autre; la pauvre fille! recevait-elle des paies?

SOPHIE.

C'est bien différent ça; elle était si bête! se laisser assommer de coups par ce monstre-là, et ne pas lui arracher la figure! Ah! je ne serais pas si bonne moi, je t'en réponds. O Dieu! si jamais un homme me battait!....

AGLAÉ (*la contrefaisant*).

O Dieu! si jamais un homme me battait!.... Laisse don , tu ferais comme tant d'autres , tu recevrais la *correction anodine* , et tu ne soufllerais mot , dans la crainte de voir doubler la dose.

HÉLOÏSE.

Battre une femme ! Ah ! Dieu, faut-y qu'un homme soit.... brutal !

SOPHIE.

Tout ça ne nous apprend pas comment mademoiselle Aglaé a passé son dimanche, et, puisqu'elle prétend l'avoir passé plus agréablement que moi, je suis piquée au jeu, et je veux lui prouver le contraire.

AGLAÉ.

Ce sera difficile ; mais enfin nous verrons : je n'ai pas été comme mademoiselle Sophie à Tivoli, mais je suis allée avec ma *tante* aux montagnes de Belleville, et c'est tout comme.

SOPHIE.

Oh ! c'est-à-dire....

AGLAÉ.

On *donnait* l'homme incombustible.

SOPHIE.

Ah ! on donnait !... c't'expression, on jouait l'homme incombustible , à la bonne heure.

AGLAÉ (*vivement*).

Eh ben ! on jouait, on donnait ; qu'est-ce que ça fait ? c'était bien la peine de m'imterrompre pour ça.

SOPHIE.

Moi à Tivoli j'ai vu la femme incombustible.

HÉLOÏSE.

Tu nous le diras après, laisse donc conter Aglaé puisqu'elle a commencé.

AGLAÉ.

Je vous disais donc, mesdemoiselles,

que j'étais allée aux montagnes de Belleville avec ma très-honorée tante; je
ne m'amusais pas trop avec elle, et il
me tardait bien que la danse commen-
çât pour rompre la monotonie de notre
promenade. Le moment tant désiré arriva enfin; et, comme je l'avais prévu,
je fus invitée pour la première contredanse.

SOPHIE (*ironiquement*).

Pardi, qui ne prétendrait à l'honneur
de danser avec la belle Aglaé?

AGLAÉ (*de même*).

Il y a toujours bien autant de mérite
assurément qu'à danser avec la charmante Sophie.

HÉLOÏSE.

Allons donc, mesdemoiselles, pourquoi *s'asticoter* comme ça? à quoi qu'ça
sert.

AGLAÉ.

Les deux ou trois premières contredanses ne m'amusèrent pas beaucoup, parce que mes partenaires ne me plaisaient pas; mais pour la valse je fus invitée.....

SOPHIE.

Par le petit blondin?

AGLAÉ.

Précisément: il s'avança vers moi d'un air bien timide, bien doux.

SOPHIE

Bien gauche, enfin, le *pauvre innocent*!

AGLAÉ.

J'acceptai son invitation; il avait la figure si *bonne*, qu'il m'a dit d'aimables choses pendant que nous valsions; il me pressait la main en tremblant. *Le pauvre garçon !*

SOPHIE.

Et tu pressais la sienne pour le rassurer, car c'est ainsi que ça se fait.

AGLAÉ.

Je ne m'en défends pas. Après la valse, il nous offrit des rafraîchissemens à ma tante et à moi ; sur un signe que je lui fis, *ma tante accepta* ; et, comme il paraissait désirer faire plutôt un tour de jardin que de retourner à la valse, il nous en fit la proposition et nous entraîna du côté de l'homme incombustible. Là, nous fûmes un peu séparés de ma tante par la foule ; il profita de cet instant pour me dire les choses du monde les plus tendres ; il me dit qu'il brûlait d'amour (l'homme incombustible venait de commencer ses expériences) ; et, au moment où il montrait le poulet rôti, mon petit blondin, qui avait pris feu de plus en plus, me dit qu'il *grillait* du désir de m'entretenir tête-à-tête.

SOPHIE.

Mais toi qui as des mœurs, tu lui auras répondu que ce n'était pas pour lui que le *four chauffait*.

AGLAÉ.

Pourquoi donc lui aurais-je dit ça? au contraire, je dois le voir tantôt en allant porter chez madame la comtesse de *** le chapeau qu'elle est venu commander jeudi dernier, et auquel je n'ai plus que quelques fleurs à adapter.

SOPHIE.

Tu nous rendras compte de ton entrevue avec lui, n'est-ce pas, ma bonne?

AGLAÉ.

De tout mon cœur.

SOPHIE.

Ton intention est, sans doute, d'en finir bientôt avec ce pauvre jeune homme?

AGLAÉ

C'est selon: si je vois qu'il est généreux, je lui laisserai filer le parfait amour assez long-temps pour éprouver les effets de sa générosité; de son côté, il ne sera que plus enchanté de sa victoire, lorsqu'il l'aura obtenue: d'ailleurs, comme le dit fort bien *Racine*, (*)

A vaincre sans périls on triomphe sans gloire.

La citation, comme on voit, était fort heureuse; et cette conversation dont je n'entretiendrai pas plus long-temps le lecteur, se continua sur le même ton. Sophie régala aussi ses bonnes amies de ses plaisirs de la veille; et cette narration ne différant que fort peu ou, pour mieux dire, pas du tout de celle d'Aglaé, nous ne nous la rapporterons pas ici.

Mais tout en ne rapportant pas aux lecteurs la suite de la conversation de ces demoiselles, je ne veux pas les priver

---

(*). Il y a ici un quiproquo de la part de mademoiselle Aglaé, ou peut-être elle avait lu l'édition in-8°. des classiques sortant de l'imprimerie de M. Firmin Didot, où effectivement le *Cid* est attribué à *Racine*.

du plaisir d'apprendre la suite et le résultat de l'intrigue de mademoiselle Aglaé avec monsieur Ledoux (c'est le nom du petit blondin); les détails m'en ont été transmis par mademoiselle Héloïse, de qui je tiens aussi la conversation que l'on vient de lire, et dans laquelle elle figurait elle-même, comme on l'a pu voir.

L'entrevue de nos deux amans eut lieu le lendemain de leur rencontre à Belleville, ainsi que l'avait prévu notre grisette modiste; elle se hâta de mettre la dernière main au chapeau de madame la comtesse de ***, et de le porter chez cette dame : certainement son chemin n'était guère de passer rue St.-Honoré devant le magasin de nouveautés où monsieur Ledoux était commis, pour aller au boulevard des Italiens (elle partait de la rue Vivienne); mais calcule-t-on la longueur d'une course quand le bonheur en est le but. Bref, monsieur Ledoux, que l'amour avait empêché de fermer l'œil de la nuit, qui était aux aguets depuis midi, et n'aurait pas laissé passer deux minutes sans jeter un coup d'œil dans la rue, vit la dame de ses pensées, un carton à la main, friser de près les premiers carreaux du magasin, s'arrêter quelques minutes aux seconds pour considérer la beauté.... de l'étalage, et, certaine qu'elle a été remarquée, continuer son chemin. Saisir un léger prétexte et sortir pour voler sur les pas de sa belle, fut pour notre amoureux commis l'affaire d'un moment. On se rejoint non loin de la place Vendôme; on marche d'abord côte-à-côte. M. Ledoux est trop timide pour oser du premier abord offrir son bras, et mademoiselle Aglaé ne peut pas décemment se permettre de le lui demander. Ne sachant que se dire, on parle de la pluie, du beau temps, et l'on arrive ainsi boulevard des Italiens, devant la maison où reste madame la comtesse de ***. Là M. Ledoux est prié de vouloir bien attendre que l'on ait rempli sa commission; ce sera l'affaire de quelques instans, le temps de monter et descendre. Mais mademoiselle Aglaé a compté sans son hôte ; elle n'a pas calculé la chance des dispositions où se trouve madame la Comtesse, qui, après lui avoir fait faire antichambre pendant près d'une heure, parce qu'elle *n'est pas seule*, la reçoit fort mal, essaie vingt fois son chapeau qui ne la coiffe pas à son gré, et met ainsi la patience d'Aglaé à la plus rude épreuve. M. Ledoux, de son côté, trouve le temps extrêmement long, et il y a trois bonnes heures qu'il fait le pied de grue, lorsque l'intéressante modiste sort de chez la Comtesse ; elle se répand en excuses, et M. Ledoux est trop galant pour faire paraître l'ennui que l'attente lui a fait éprouver. Mademoiselle Aglaé se plaint de tiraille-mens d'estomac, causé par la trop longue séance qu'elle a faite chez madame la comtesse ; on se trouve auprès d'un joli restaurant à 22 sous par tête ; et M. Ledoux, enchanté d'avoir l'occasion d'offrir à sa belle une légère collation où il espère que l'amour sera en tiers, insiste auprès d'Aglaé pour lui faire accepter *quelque chose*. D'abord, grands refus; mais on sollicite de si bonne grâce, qu'on est bien forcé d'accepter. On entre, et l'officieux garçon du restaurant s'empresse de dire, montez au premier; le couple s'établit dans un de ces cabinets particuliers dont ce premier étage est composé; en entrant, une légère teinte de rougeur couvre les joues d'Aglaé; notre commis d'attribuer cette émotion à la pudeur: qu'il est loin de se douter de ce qui se passe dans l'âme de sa compagne, à qui ce cabinet a rappelé des souvenirs qui la troublent ... Cependant, on prend place, et pour faire les choses grandement, il ne s'agit pas ici de dîner à 22 sous par tête: s'il était seul, M. Ledoux se contenterait du potage, des trois plats au choix, du caraſon de vin, etc.; mais, ce n'est pas là un diner à offrir à une aimable personne dont on est ardemment épris. M. Ledoux consulte d'abord les goûts d'Aglaé, qui répond modestement qu'elle n'en a pas; puis il consulte la carte ; et, après chaque mets, consultant encore la carte, il régale Aglaé du plus splendide diner que jamais commis marchand ait offert à une grisette. Les intervalles du service étaient remplis par de petites cajoleries ; et M. Ledoux, que quelques verres de vin avaient un peu animé, donnait à sa belle de petits coups de genou, lui pinçait le bout des doigts, ou se penchait par-dessus la table afin de solliciter un baiser, qu'Aglé qui jugeait qu'il n'était pas de son intérêt de lui accorder encore, lui refusait impitoyablement ; le temps s'écoulait, et Aglaé fit remarquer à son *ami* (Ledoux avait enfin reçu d'elle ce doux nom, seule faveur qu'il obtint en échange de son diner de vingt francs); Aglaé, dis-je, fit remarquer à son ami qu'il fallait se séparer. Il est tard, et je serai grondée, lui dit-elle : sans doute l'on m'attend avec impatience au magasin. L'heureux couple sortit donc du restaurant, et, bras dessus bras dessous, s'achemina vers la rue Vivienne. Chemin faisant, Ledoux demanda un second rendez-vous dans la semaine ; Aglaé en prétexta l'impossibilité, et il fut convenu qu'on se verrait, le dimanche suivant, à Belleville. Arrivés au coin de la rue Vivienne, nos deux amans se séparèrent, enchantés l'un de l'autre. M. Ledoux, qui avait calculé sur une plus heureuse et plus prompte issue dans le tête-à-tête qu'il venait d'obtenir, avait bien quelques remords; la dépense avait été un peu plus forte qu'il ne l'avait prévu; mais au définitif, Aglaé était si jolie; d'ailleurs, pensa notre commis, j'ai fait aujourd'hui un grand pas vers le but; l'occasion, pour être différée, n'est pas perdue, et, après ce qui s'est passé aujourd'hui, Aglaé sera la première à en faire renaître une semblable, et avec moins de dépense je serai plus heureux. Amour, amour, ou plutôt amour-propre, combien tu es ingénieux à nous tromper !

Pour ne pas ennuyer le lecteur, nous passerons rapidement sur une foule de petits détails concernant les entrevues qu'eut encore notre commis marchand avec sa grisette. Belleville, Tivoli, la Chaumière suisse étaient l'endroit de rendez-vous du dimanche; et, dans la semaine, on se voyait comme on pouvait. Aglaé ménageait avec une adresse inconcevable l'amour et la patience de M. Ledoux; il avait fait de nombreux sacrifices : diners, spectacles, courses en char, jeux de bague, escarpolette; rien n'avait été épargné depuis qu'il avait noué connaissance avec la belle modiste, pour lui procurer tous les divertissemens, tous les plaisirs; et encore bien souvent, trop souvent même, avait-il la tante qui n'était pas la moins ardente à l'exciter à toutes sortes de dépenses; aussi, lorsque Ledoux en venait quelquefois à récapituler avec lui-même, il trouvait qu'il était très-onéreux de faire l'amour. Fatigué de n'avoir obtenu, après six mois de persévérance, que des demi-faveurs tout au plus, il pensa qu'il était temps de brusquer les choses; ce fut un des bosquets de Tivoli qu'il choisit pour faire jouer

les derniers ressorts de sa passion ;
mais il n'en était pas là. Aglaé, par
qui toutes les dépenses faites en plaisirs par Ledoux étaient comptées pour
rien, et qui s'attendait de sa part à quelque *présent en nature*, se fâcha tout
rouge, lorsqu'il réclama définitivement
le prix de ses soins et de six mois de
la plus vive constance; il osa accompa-
gner sa demande de quelques gestes un
peu familiers : alors notre grisette jeta
les hauts cris, lui demanda pour qui il
la prenait, lui dit qu'il n'était qu'un
monstre, qu'elle ne le reverrait de sa
vie, et, se précipitant hors du bosquet,
courut rejoindre sa tante, laissant le
pauvre Ledoux tout stupéfait de sa
feinte colère. Quand il fut un peu re-
mis de son trouble, il voulut courir
sur ses pas; mais les deux dames avaient
déjà quitté le jardin, et il fallut se ré-
signer à attendre le lendemain pour
se justifier. Il se repentit intérieurement d'avoir osé porter atteinte à l'innocence d'une personne aussi vertueuse
que l'était décidément Aglaé, il brû-

lait du désir d'obtenir d'elle un généreux pardon ; aussi , le lendemain, pas-
sa-t-il plusieurs fois devant le magasin
de modes: la cruelle y était, mais, en
l'apercevant, elle tournait la tête, et
semblait parler à ses compagnes du ton
le plus enjoué. Cette froideur dépitait
le pauvre Ledoux: s'il avait su que, dans
cet instant, ces demoiselles s'égaiaient
sur son compte, et qu'Aglaé faisait l'é-
numération de ses ridicules, que même
elle lui prêtait ceux qu'il n'avait pas,
que serait-il devenu ?

Pendant huit jours, mêmes démarches de la part du pauvre commis marchand, et mêmes manœuvres du côté
de la grisette; il ne fut pas possible à
Ledoux de la joindre une seule fois,
ni d'avoir le moindre entretien avec
elle. Il était devenu sombre, taciturne ;
ses collègues le tournaient en raillerie,
et le plaisantaient sur le changement
qui s'était opéré dans son humeur.
Parmi eux était un nommé Auguste,
jeune homme à la mode, et pouvant
passer pour un de ces étourdis si ai-

mables aux yeux des femmes, et que nous nommons en terme vulgaire *roués*; il ne lui fut pas difficile de deviner la cause du chagrin de Ledoux, et un jour, il le pressa tellement de se confier à lui, que l'amoureux commis céda à ses instances, et lui conta de point en point comment il avait eu le bonheur de rencontrer mademoiselle Aglaé au jardin Belleville, comment il avait possédé son cœur durant six mois, et comment, enfin, il avait eu le malheur d'encourir son indignation, et de la perdre en voulant trop *brusquer l'affaire*. A cette dernière révélation, Auguste ne peut plus tenir son sérieux, il partit d'un long éclat de rire. Comment, dit-il, tu appelles cela brusquer les choses, après six grands mois que tu files le parfait amour comme un sot, pardonne-moi l'expression; parle franchement, as-tu fait quelque présent à ta dulcinée? — Non, jamais! — Ah! voilà le hic. Eh bien, veux-tu suivre mon conseil? je te garantis la possession de ta nymphe avant huit jours. — Parle, que faut-il faire ? — Lui faire quelque cadeau, lui donner ne fut-ce qu'une bague, par exemple. — Pas si bête, elle ne m'en refuserait pas moins, et j'ai déjà bien assez dépensé d'argent comme cela. — Qui te parle de dépenser de l'argent ?— Qui, parbleu ! toi : crois-tu que le bijoutier me donnera une bague telle qu'il la faut pour être digne d'être offerte à Aglaé, pour rien ? — Telle qu'il la faut pour être digne d'Aglaé. Ah ! ah ! ah ! que tu me fais rire ! mon pauvre ami ; tu crois donc sa vertu ? — Incorruptible ! oui. — Que tu connais peu les femmes ! tu as été pendant six mois la dupe d'une rusée grisette. — Si je le savais ! — Rien n'est plus sûr ; et, si tu veux en acquérir la preuve, suis le conseil que je vais te donner. — Parle. — Achète une bague en cuivre doré, et dont les pierres joueront la pierre de prix, le brillant, le rubis ; enfin, n'importe. — Tu veux te moquer de moi ? — Lasse-moi achever : ton acquisition faite, tu ne tarderas pas à posséder ta princesse. — Mais, puisque je t'ai répété cent fois qu'elle me fuit, qu'elle ne veut plus entendre parler de moi. —Connais-tu quelqu'une de ses compagnes? — Oui, Sophie; j'ai eu occasion de la voir quelquefois lorsqu'elle allait avec Aglaé chez les pratiques.—Eh! bien, il faut saisir un moment favorable, et te trouver comme par hazard sur le chemin de Sophie, puisque Sophie il y a; mais, pour cela, il faut jouer l'indifférence, et ne pas retourner de quelques jours devant le magasin de ces demoiselles. — A quoi cela aboutira-t-il? — Sophie, n'en doute pas, aura l'air d'ignorer que tu es mal avec Aglaé: ce sera une première preuve que l'on te joue, ne t'étonne de rien; on te demandera comment vont les amours, c'est la question ordinaire. Réponds franchement que vous êtes brouillés, ajoute que tu en es d'autant plus fâché, que tu comptais offrir à Aglaé un faible gage de ton amitié pour elle, et tu auras soin, en disant cela, de faire briller aux yeux de Sophie le bijou corrupteur: que je meure

si , deux jours après , tu n'es raccom-
modé avec ta belle. — Impossible. —
fais-en l'essai : qui ne risque rien n'a
rien.— Eh bien ! soit ; mais je crains
bien que l'épreuve ne tourne à mon
désavantage, en me prouvant que j'aurais tort de douter de la vertu d'Aglaé.

Ledoux suivit de point en point les
conseils d'Auguste ; il rencontra Sophie
comme à l'improviste, témoigna les re-
grets qu'il avait de la brouille survenue
entre lui et sa maîtresse. Elle s'est ef-
farouchée mal-à-propos, ajouta-t-il,
d'une proposition qui, en elle-même,
n'avait rien qui dût l'offenser ; un mot
de bienveillance de sa part , en ne
m'otant pas tout espoir , m'aurait enhardi à lui offrir le faible présent que
je me proposais de lui faire (et il faisait jouer aux yeux de Sophie le faux
brillant) ; mais il n'y faut plus penser : pourtant, quoique tout soit rom-
pu entre nous , l'honnêteté m'oblige
à vous prier de lui présenter mes respects. Sophie l'assura que cette brouille
ne serait que momentanée ; Ledoux

n'en voulut rien croire, et ce fut ainsi qu'ils se séparèrent,

Sophie en arrivant au magasin, n'eut rien de plus pressé que de faire part à Aglaé de son entretien avec le *petit blondin*; sais-tu, ma très-chère, que tu as eu tort, lui dit-elle, de rompre ainsi avec ce jeune homme; il a l'air *bon enfant*, et tu étais à la veille d'en recevoir une preuve. — Que veux-tu dire ? — Qu'il te destinait une bague précieuse ; il ne me l'a pas dit positivement, mais j'ai vu le *bijou en question*. — Tu as vu le bijou ? — Oui, et de plus il m'a dit : un mot de bienveillance de sa part m'aurait enhardi à lui faire le faible présent que je lui destinais; c'est clair, je pense ! — Comment, ma bonne, tu crois que.... — J'en suis certaine. — Ah ! mon, Dieu que je suis donc fâchée à présent de ma promptitude. — A ta place j'en aurais du regret aussi, car enfin, ce serait toujours une bonne *plume* tirée de l'aile de l'*oiseau*.

— Tu as raison, mais il n'y a plus à revenir là-dessus; ce qui est fait est fait.

— Ah ! bah ! on peut le faire remordre à

l'*hameçon.* — Tu crois?—Pardi ! avec de l'adresse.—Quel serait ton plan? Le voici. Je ne t'ai rien dit de ma rencontre avec lui. — Comment ? tu ne m'as rien dit.... ah! oui je comprends. — Tu te trouves inopinément sur son chemin.—Mais, s'il m'évite ? — Il ne t'évitera pas; l'honnêteté veut qu'en te rencontrant il te salue, tu lui réponds d'un léger mouvement de tête ; il t'accoste, tu l'accostes, vous vous accostez mutuellement, et je laisse à ta sagacité le soin de conduire le reste de l'aventure, bien entendu que tu n'auras pas l'air de te douter de la moindre chose sous le rapport du *brillant.* — Cela va sans dire ; ah, ma chère, si je pouvais réussir ! — Tu réussiras.

Et voilà notre grisette de nouveau tout enflammée pour son petit blondin ; voilà, se disait-elle à elle-même, comme il ne' faut jamais jeter le manche après la cognée ; et elle flottait dans l'incertitude de la réussite de ses projets. Après le dédain que je lui ai montré depuis quinze jours, voudra-t-il, ne voudra-t-il pas renouer nos relations; et, tout en faisant ses réflexions elle recrépait ses cheveux devant sa glace, qui semblait lui dire tu es jolie. Eh ! que n'entreprend pas une jolie femme, dont elle ne vienne à bout !

Dès le lendemain de son entretien avec Sophie, le petit commis ne vit pas sans surprise sa cruelle déïté passer devant les carreaux du magasin bien rapidement, il est vrai; mais cette démarche, en démontrant la vérité des assertions d'Auguste, dessila les yeux de Ledoux. Aglaé passerait-elle par là, si son intention n'était pas de renouer avec lui ? l'idée de ne devoir cette faveur qu'à l'intérêt qu'inspirait le bijou dont Sophie avait eu la vue frappée, lui donna du dépit; il vit clairement qu'il avait *été fait* jusqu'à ce jour, et il se promit intérieurement de s'en venger. Rira bien qui rira le dernier, pensa-t-il, et il épia sur la porte le moment où la grisette repasserait; elle ne se fit pas long-temps attendre ; et feignant de passer du côté opposé, lorsqu'elle aperçut *sa victime*, elle ne put s'empêcher cependant de lever les yeux, et de répondre par un demi-sourire au salut gracieux que lui fit son ci-devant amant. Heureusement que ce n'était qu'un demi-sourire ; si le sourire avait été complet, la tête de Ledoux n'y était plus, et il se serait imaginé de nouveau qu'un remords lui ramenait Aglaé, et que c'était à ses beaux yeux qu'il devait l'insigne victoire qu'il remportait sur le cœur de la cruelle.

Le demi - sourire, tout faible qu'il était, fut pourtant comme un aimant qui attira le commis amoureux et dépité sur les pas de la grisette ; il ne reçut d'abord pour toute réponse aux paroles qu'il lui adressa que des monosyllabes, des phrases évasives ; mais elle laissait à ses yeux le soin de parler pour elle ; ils promettaient à l'amant, jadis aimé, un retour de tendresse ; enfin, le désir qu'elle avait de posséder bientôt le brillant qu'elle n'avait pas manqué de remarquer au doigt de Ledoux, lui fit si bientôt oublier toute prudence, que, quand bien même notre commis n'eût pas été prévenu contre elle, il se serait aperçu à la facilité avec laquelle elle se prêtait à une réconciliation ; ayant d'abord manifesté tant de dédain, il se serait aperçu aisément, dis-je, à quelle espèce de femme il avait affaire ; bref, il fut convenu que l'on se reverrait le dimanche suivant. Aglaé oubliait tout à condition que l'on serait dorénavant plus sage : et, sans doute, pour mettre au plutôt la sagesse recommandée à l'épreuve, elle finit par dire au commis que sa tante partirait de grand matin pour la campagne, dimanche, et qu'elle comptait qu'il viendrait la prendre chez elle, et qu'on ferait alors ses dispositions pour l'emploi de la journée.

On se sépara, et, si notre grisette se riait intérieurement de la simplicité de celui qu'elle regardait comme r'enveloppé dans ses filets ; de son côté, Ledoux, qui n'était plus sa dupe, se promit bien de se venger complètement. Il rendit compte à Auguste, en rentrant, de son entrevue avec Aglaé, et employa le reste de la semaine à mûrir le projet qu'il avait résolu de mettre à exécution le dimanche suivant.

Ce jour tant désiré de part et d'autre arrive enfin, et, rayonnant d'espoir, le commis séducteur vole chez l'artificieuse modiste ; elle achevait sa toilette. Ledoux y donne la dernière main en badinant avec une grâce charmante. Où irons-nous ? demande-t-il en minaudant, et les yeux d'Aglaé semblent lui dire, à Tivoli ; le lieu où éclata notre mésintelligence doit être témoin de notre réconciliation. On part, on passe la journée en plaisirs, on fait mille folies. Ledoux joue si bien la sincérité, qu'Aglaé ne doute plus un instant qu'avant de se séparer, elle aura le bijou desiré en sa possession ; elle est d'une humeur charmante, et sa complaisance va même jusqu'à se laisser entraîner de nouveau par Ledoux dans l'un de ces bosquets, asyle du mystère, et qui sont témoins si souvent du soin qu'ont tant de femmes d'orner le chef de leurs chers maris. Là, il la conjure de mettre un terme à sa souffrance ; elle lui demande d'abord si c'est par une nouvelle offense qu'il veut se faire pardonner la première ; mais le son de sa

voix est si doux, que l'on s'aperçoit facilement que cette question n'est pas ins-
pirée par la colère ; il presse, il insiste.
—Je ne promets rien ici, dit-elle en
jouant le trouble, venez ? — Eh bien !
tout nous favorise, vous êtes seule : si,
cette nuit, vous consentiez, oh ! oui,
ajoute-t-il en couvrant sa main de baisers, je ne vous quitte pas que vous ne
m'ayez promis le bonheur ! c'est le prix
de l'amour le plus tendre que je vous
demande.—Y pensez-vous ? si ma faiblesse avait des suites, et elle balbutiait.
—Quoi ! cette crainte seule s'opposerait à
mon bonheur ?—Faut-il moins, dit-
elle en feignant de rougir, pour m'empêcher de vous prouver combien vous
êtes aimé !—Eh bien ! charmante Aglaé,
que cette crainte ne vous arrête plus, je
saurai tout concilier; vous m'aurez rendu
le plus heureux des hommes, vous vous
serez acquis des droits éternels à mon
amour, et vous n'aurez aucun regret.—
Que prétendez-vous ?—Être heureux sans
vous exposer à ce que vous craignez.—
Je ne vous entends pas, comment ferez-

vous ? —Je me servirai de l'expédient dont se servent maintenant beaucoup de maris qui ont le malheur d'avoir des femmes trop fécondes.—Je ne vous comprends pas davantage, mais, pour le coup, elle rougissait tout de bon.

Je ne sais pas si mademoiselle Aglaé comprenait quel moyen comptait employer M. Ledoux, pour concilier les plaisirs avec la bienséance ; pour moi, j'avouerai, en toute humilité, que j'ignore de quoi il entendait parler, et de quelle façon il s'y prit pour obtenir l'assentiment d'Aglaé : tout ce que je sais, c'est qu'ils ne firent pas long séjour à Tivoli, après cette explication, et que prenant un cabriolet, ils se rendirent avec la promptitude de l'éclair au logis de la grisette, où étant arrivés, Ledoux la quitta un moment pour aller aviser, disait-il, à se munir de l'expédient convenu. Il se rendit donc en toute hâte au Palais-Royal, d'où, après avoir fait emplette des *objets essentiels* à la réussite de son plan, il retourna chez sa dulcinée.

Ledoux s'était bien donné de garde

de remettre le bijou réconciliateur au pouvoir d'Aglaé; sitôt la conclusion du traité, il voulait, avant de s'en dessaisir, que les conditions de ce traité fussent remplies. Il allait donc posséder l'in-humaine qui, depuis six mortels mois, lui avait tenu la dragée haute; il allait passer dans ses bras la nuit la plus heu-reuse. Conduite par le désir, sa main fourrage déjà des charmes qu'il dévore des yeux. On ne lui oppose plus qu'une faible résistance; bientôt des baisers de feu sont rendus aussitôt que donnés; il possède Aglaé; il la possède sans obsta-cle! Croira-t-on que, dans cet instant, l'i-dée de se venger s'empara de son esprit, et trompeur malencontreux, dans l'espoir de laisser des *monumens parlants* de sa vengeance à notre grisette, il use de su-percherie et trouve le moyen d'éluder l'*expédient* : Pauvre Ledoux ! qu'a-t-il fait ! Il apprend, mais trop tard, que chez Aglaé, comme chez tant d'autres grisettes :

Aux plaisirs de l'amour la mort donne la main!!!

On lui en donna pour plus de la valeur de son bijou. Il n'avait pas à se
plaindre, direz-vous: c'est possible, cher
lecteur, mais si vous trouvez de l'avantage à un pareil échange, grand bien
vous fasse! je ne suis pas de votre avis,
et certainement, je ne suis pas le seul qui
ne partage pas votre opinion.

Le jour vint mettre une trève aux
plaisirs de nos amans, plaisirs où prési-
daient, comme on l'a vu, d'un côté, le
sordide intérêt, de l'autre, la vengeance.
On se leva ; notre grisette proposa de
faire un peu de café ; Ledoux y consent,
et, tandis qu'elle descend chercher tout ce
qu'il faut, il détache sa bague, la pose sur la
commode, et place auprès un petit papier
sur lequel il trace à la hâte ces mots :

« Ma toute belle, je vous remets le
» bijou que vous ambitionnez, et qui m'a
» valu votre possession que l'amour
» n'avait pu m'obtenir. Je regrette qu'il
» ne soit qu'en crysocal ; mais de tout
» objet qui vient d'une personne aimée,
» ce n'est pas la valeur qui fait le prix.

LEDOUX.

» *P. S.* Je vous préviens aussi que
» l'*expédient* n'a pas ou presque pas été
» employé ; ainsi je ne garantis pas
» quelle suite aura votre aimable con-
» descendance. »

Cela fait, il descend promptement,
gagne la rue avant le retour d'Aglaé, et
retourne à son magasin où il fit à Auguste le récit du tour sanglant qu'il venait de jouer à la grisette. Huit jours
après il se recommandait aux soins de
M. le docteur *** ; et je ne fais que dire
l'exacte vérité, en ajoutant que sa vengeance lui coûta la vie, dont une nuit
de plaisirs avait complètement empoi-
sonné les sources.

Quant à notre grisette, on juge quelle
fut sa fureur et son dépit d'avoir été
ainsi abusée dans son calcul ; cependant
elle se consola par l'idée que la vengeance de Ledoux tournerait contre
lui-même, et en songeant qu'un autre
amant la dédommagerait bientôt de ce
qu'elle perdait avec lui.

Eh bien ! chers lecteurs, quelle conclusion morale tirerez-vous de l'anec-

dote que je viens de vous conter, et que l'on pourrait, à bon droit, intituler *le commis et la grisette*, ou à trompeur, trompeur et demi. Pour moi, j'y retrouve partout ces quatre mots, sage et utile avertissement :

Défiez-vous des grisettes! Défiez-vous des grisettes !!!

CHAPITRE II.

QUARTIER DU PALAIS-ROYAL.

DEUXIÈME ARTICLE.

LINGÈRES ET MERCIÈRES.

Nous ne quitterons pas les environs du Palais-Royal sans dire un mot des lingères-grisettes, dont la tournure innocente, le regard modeste et le maintien réservé offrent un contraste piquant avec le genre des grisettes-modistes dont nous venons d'entretenir nos lecteurs. A l'ensemble pudique dont elles font étalage, qui ne se laisserait séduire!

La beauté souvent éblouit;
Mais toujours la pudeur attache :
On fuit la belle qui nous suit;
On poursuit celle qui se cache. (*Parodie*).

et nos innocentes lingères semblent savoir cela aussi. Chez elles point de ces regards hardis et provocateurs, dont se servent les modistes pour s'assurer la victoire dans les attaques qu'elles dirigent contre notre sexe; et, quand vous voyez quelques-unes de ces demoiselles, vous seriez tenté de les prendre pour les prêtresses chargées d'entretenir le feu sacré dans le temple de Vesta.

Ce que je dis ici des lingères peut également s'appliquer aux mercières, d'autant plus que ces deux dénominations se trouvent souvent comprendre un même établissement : on peut s'en assurer en voyant sur la plupart des tableaux exposés devant leurs magasins : *Lingerie, mercerie et nouveautés.*

Le petit bonnet rond, dit *à la lingère*, l'élégant canezou et le fin tablier de soie noire, voilà à peu près la mise journalière de ces demoiselles que cette simplicité rend d'autant plus piquantes.

Mais, qu'il serait dupe celui qui prendrait tant de modestie pour argent comptant : l'astuce et la tromperie se cachent sous son enveloppe séduisante; et, comme chez les modistes, la manie de briller aux grands jours de fête dans les réunions publiques, dans les spectacles, domine ces autres grisettes; et, comme un seul amant ne saurait quelquefois suffire aux frais de toilette, elles ne se font pas scrupule d'en avoir deux ou trois; plus d'une même va jusqu'à quatre. Le premier est l'amant en titre; les autres sont regardés comme fournisseurs supplémentaires, et elles ont le talent de conduire leur intrigue avec tant d'art, que chacun de ces messieurs se croit seul favorisé.

Pour donner quelque fondement à cette assertion, passons à une anecdote qui puisse prouver ce que j'avance.

Un de mes amis, que je nommerai Alphonse, avait pour maîtresse une de ces demoiselles; c'était une lingère. Figurez-vous une petite brune de la plus aimable figure, de beaux cheveux noirs ombrageant un front d'albâtre, de grands yeux bleus que dominaient des sourcils de jais, un nez aquilin, une bouche dont les lèvres de rose, lorsqu 'un doux sourire les animait, laissait voir deux rangées de perles dont la blancheur ne l'aurait pas cédé à celles de l'Orient ; un menton, dont la fossette semblait une niche que l'amour s'était formée, et d'où il appelait le baiser : ajoutez à cela une poitrine large, une taille svelte, une jambe faite au tour, et le plus charmant petit pied du monde ; et vous aurez une faible idée de ce qu'était Cécile : aussi Alphonse en était-il idolâtre. J'avoue que moi-même je portais envie à son bonheur : être chéri d'une femme si jolie, et en être chéri uniquement, me semblait le *nec plus ultrà* de la félicité humaine ! Alphonse me vantait surtout son désintéressement ; presque chaque jour pourtant, je lui voyais faire quelque emplette, qu'il allait ensuite offrir à Cécile, et je pus me convaincre que le mot désintéressement voulait dire, dans la bouche d'Alphonse, les façons qu'elle faisait avant de recevoir ; ce qui me fit croire que Cécile n'était pas aussi désintéressée qu'il voulait bien le dire, et que la générosité d'Alphonse pouvait bien être le seul lien qui l'attachât à lui. Je ne me trompais pas, et lui-même eut la douleur d'en être convaincu. Le jour de l'an approchait, et Alphonse fit achat d'un cachemire magnifique pour l'objet de son adoration. Des affaires urgentes l'ayant appelé à Versailles, dans les derniers jours de décembre, il ne revint à Paris que le lendemain du jour de l'an. Il se hâta de voler chez ses amours : j'étais son intime ami, j'avais eu occasion de voir Cécile plusieurs fois ; il n'était donc pas déplacé que je l'accompagnasse dans cette visite, qui, de mon côté, était pure civilité ; lui-même m'en fit la proposition. Nous partons et arrivons à la Butte-des-Moulins, où restait la belle lingère. Alphonse monte avec la vivacité d'un amant qui va causer une agréable surprise ; je le suis. Arrivés près de la porte, une voix étrangère frappe son oreille. Cécile n'est pas seule, me dit-il à voix basse, je crois qu'elle cause avec une de ses amies : écoutons un peu la conversation avant d'entrer, nous rirons sans doute. J'y consentis : nous voilà tous les deux l'oreille collée contre la porte et retenant notre haleine. — Tu dis donc, disait la jeune personne qui se trouvait avec Cécile (car, au son de sa voix, on ne pouvait douter que ce ne fût une jeune fille); tu dis donc que tu n'as pas encore reçu toutes tes étrennes. — Non, mais je n'attends plus qu'Alphonse, qui n'est pas encore de retour de Versailles. Charles, Félix et Hyppolite sont venus hier. (Je levai les yeux sur Alphonse qui faisait une horrible grimace.) — Ah! et qu'est-ce que t'a d'abord donné Charles? — Cette bague, tiens, vois, qu'elle est jolie! — Hyppolite? — Cette corde à puits. — Oh! mais, c'est charmant cela. Et Felix? — Ces boucles d'oreilles. — Mais ce sont de véritables brillans.—Je le pense aussi. — Que tu es heureuse! Est-ce qu'Eugène n'est pas venu? — Si fait, ce matin, j'étais encore au lit. — Et qu'est-ce qu'il t'a donné lui? — Ma bonne, ne m'en parle pas: ah! l'horreur d'homme! tiens, vois, une orange! et moi, qui, ce matin encore, ai eu pour cet être là des complaisances!..... (Ici, la pâleur de la mort se répandit sur les traits d'Alphonse; je voulus l'entraîner: non, me dit-il, j'aurai le courage de tout entendre). Décidément, continua Cécile, cet Eugène est un homme insipide, et je suis résolue à lui donner *son sac*, d'autant plus que j'ai reçu, ce matin, une lettre fort avantageuse. — Une lettre, et tu ne m'en parlais pas: où donc est-elle? — Sur la cheminée, va la prendre, pendant que je vas resserrer toutes ces babioles, parce qu'il ne faut pas qu'Alphonse se doute.... Il n'aurait qu'à arriver et voir tout cela. — Mais elle est charmante cette lettre! — Tu penses donc qu'il faut accepter? — Je crois bien! deux mille francs et le loyer! c'est fameux ça, et puis les cadeaux de fête et du jour de l'an, qui ne sont pas compris là-dedans; c'est un fameux pigeon à plumer! — Oui, mais, c'est que cette intrigue-là ne pourra pas se cacher comme les autres. — Que crains-tu? — Qu'Alphonse ne s'en aperçoive. —

Eh bien ! un de perdu, deux de retrouvés.—Ce n'est pas que, dans le fond, je tienne à lui, mais c'est égal, il est à ménager, ne fût-ce que pour sa générosité ; je suis bien sûre que son cadeau ne sera pas le moins gentil de ceux que j'ai reçus. Ces derniers mots ont excité au plus haut point la fureur d'Alphonse ; son visage est enflammé de dépit; avant que je n'aie eu le temps de l'arrêter, il a tourné la clef, ouvert la porte, renversé le guéridon où se trouve un superbe cabaret en porcelaine, et donné à l'impudente grisette plusieurs soufflets. Tiens, lui dit-il, voilà aussi mes étrennes! Je m'élance après lui, et, l'entraînant hors de la chambre, je lui fais descendre rapidement l'escalier, et nous sommes dans la rue, avant que Cécile et sa compagne effrayées n'aient eu le temps de se reconnaître. Alphonse, douloureusement détrompé, garda le lit pendant plusieurs jours, par suite de la révolution qu'il s'était faite; il voulait tuer son infidelle, disait-il, dès qu'il serait rétabli et en état de sortir;

mais, grâce à mes conseils, et à ceux de sa propre raison, que huit jours de calme rétablirent, il n'en fit rien ; mais depuis il ne la revit plus.

. Maris, qui vous croyez certains d'être adorés de vos tendres moitiés ; amans, pour qui la certitude de la fidélité de votre maîtresse est un besoin ? voulez-vous conserver votre illusion, n'écoutez jamais aux portes!!!

CHAPITRE III.

QUARTIER DE LA RUE SAINT-DENIS.

FLEURISTES.

Après les modistes et les lingères, passons aux fleuristes que l'on peut regarder comme le troisième corps de l'armée des grisettes, c'est la rue Saint-Denis qui en est le quartier-général. Chez elles, par exemple, ce n'est pas la modestie qui prime : aussi n'affichent-elles pas une décence aussi outrée que les lingères. Loin de là une tournure sémillante, la démarche vive et décidée, le regard vif pour ne pas dire davantage, sont les signes caractéristiques auxquels on reconnaît les fleuristes-grisettes; quoique le quartier ne leur permette pas autant qu'aux beautés des environs du Palais-Royal, d'être en relation avec les hommes comme il faut, elles ne sont pas moins susceptibles de fierté, et exigent de leurs adorateurs qu'ils aient bon ton. Si vous n'avez pas le chapeau en feutre gris d'argent, le pantalon à la grecque, la petite redingote de chasse ou l'habit à manches froncées, et avec tout cela la petite badine de rigueur; ne vous approchez pas de nos *jardinières artificielles*, vous seriez poliment éconduits, et toutes vos fleurettes semées en pure perte ne prendraient point racine dans des cœurs qui sont de roche pour l'homme qui n'annonce pas une certaine aisance.

Les lieux où l'on rencontre le plus fréquemment les grisettes - fleuristes sont l'Hermitage de Ménil-Montant, le Jardin de Belleville, le bal de M. Lédru, rue Lamarre, entre Belleville et Ménil-Montant, les bals champêtres du parc Saint-Fargeau et du bois de Romainville : là surtout, car nos fleuristes connaissent la chanson qui commence ainsi :

> Qu'on est heureux!
> Qu'on est joyeux,
>   Tranquille
> A Romainville !
> Ce bois charmant, etc.

Et n'ont-elles pas raison de préférer Romainville au fracas bruyant de la grande cité ? Là, on est si heureuse avec le doux ami du cœur; ces ombrages frais, ces demi-jours voluptueux, tout invite au recueillement, et l'on jouit en silence... des beautés de la nature.

Quand la belle saison a fait place à celle de la pluie et des frimats, et qu'on ne peut plus décemment rechercher les amusemens champêtres, nos jolies fleuristes, qui ne veulent pourtant pas renoncer à leurs innocens plaisirs, se réunissent dans les salons élégans du bal Molière, passage de ce nom, rue Saint-Martin ; du bal de Terpsichore, même rue près celle meslée, et au Wauxhall d'hiver, derrière le château d'eau: c'est ainsi que, trompant les rigueurs de la saison, elles savent encore arracher quelques roses au plaisir dans les champs arides de la nature flétrie.

Nous ne nous étendrons pas sur l'article des mœurs de ces demoiselles; leur réputation est faite depuis long-temps, et le nom de plus d'une se trouve inscrit dans les chroniques scandaleuses de la licence et de la dépravation. Voici un petit exemple de l'astuce et de l'effronterie dont elles sont douées pour la plupart. Il est vrai que de pareils faits se sont renouvelés plus d'une fois dans Paris, et, si je mets celui - ci sur le compte d'une fleuriste, c'est qu'une fleuriste en est l'héroïne; j'en parle d'autant plus savamment, que, comme le personnage d'une fameuse comédie qui n'a pas le don de plaire à tout le monde,

Je l'ai vu, dis-je, vu de mes propres yeux, vu,
Ce qu'on appelle vu . . . .

Mademoiselle Pauline D..... avait,

dans toute l'innocence de son âme, con-tracté une liaison d'amourette avec un jeune homme dont je tairai le nom, en n'en livrant au public que la lettre ini-tiale V....., et en instruisant mes lec-teurs, qu'élève du Conservatoire à l'épo-que dont je parle, il est aujourd'hui ac-teur assez estimé de l'un des théâtres secondaires de la capitale; je le répète ici, et je pécherais contre la vérité si je ne répétais toujours que ce fut dans toute l'innocence de son âme que Pau-line connut V..... ce fut innocemment qu'elle laissa faire .... à sa passion pour lui les plus rapides progrès dans son cœur; ce fut innocemment qu'elle lui accorda toutes les faveurs qu'une jeune personne peut, c'est-à-dire, veut accor-der, ce qui est bien différent; ce fut innocemment qu'il en résulta qu'après neuf mois de malaise....; bref ce fut in-nocemment encore que le fruit innocent d'un innocent amour fut livré à la cha-rité de ces pieuses maisons dont l'in-stitution est à-la-fois un mal et un bien: car, si, d'un côté, cette institution a mis fin aux crimes affreux dont tant de malheureuses filles ne craignaient pas de se rendre coupables pour cacher leur faiblesse , combien , d'autre part , n'alimente-t-elle pas le vice et la dépravation, en fournissant au libertinage de beaucoup de femmes une ressource pour les retirer du mauvais pas où les engage le chapitre accidentel de la grossesse ; mais revenons un peu à notre intéressante héroïne.

L'abandon de V..... suivit de près la faute de Pauline, elle se désola d'abord; mais quand elle eut éloigné d'elle le témoin authentique qui eût pu flétrir sa réputation , elle reparut dans le monde plus innocente que jamais, et attacha de nouveau à son char une foule d'adorateurs : l'un d'eux manifesta des vues légitimes ; et les rigueurs de Pauline (car elle s'était mise sur le pied de tenir rigueur à ses amans depuis que l'expérience lui avait prouvé qu'agir autrement était toujours défavorable aux jeunes personnes) ; ses rigueurs, dis-je, ne servirent qu'à irriter l'amour que

M. L.....: avait conçu pour elle. Un ma-nège adroit de coquetterie conduisit Pauline au but qu'elle s'était proposé, et je ne fus pas peu surpris en passant un jour devant l'église Notre-Dame-de-Bonne-Nouvelle, de reconnaître dans une jeune personne, qui descendait de carrosse, portant le bouquet virginal au côté, le chapeau de fleurs d'orange sur la tête, et à qui un jeune homme, que je reconnus pour M. L....., donnait la main, mademoiselle Pauline D....., dont je connaissais toute l'histoire : ses yeux s'étant portés sur moi, elle les baissa modestement un moment, même une teinte de rougeur colora ses joues; mais étouffant ce mouvement de honte, elle reprit bientôt toute son assurance, et un sourire vint effleurer ses lèvres ... Après cela , fiez-vous donc aux chapeaux de fleur d'orange, et surtout à la candeur des fleuristes!

Ainsi que je l'ai dit au commence-ment de ce chapitre, nos fleuristes ai-ment ce qu'elles appellent les *amours du bon ton*, et je fus à même de juger de la frivolité du caractère de la plupart de ces grisettes. Un dimanche que je me trouvais au bal de M. Ledru, placé non loin de deux de ces dames faisant cercle autour de la danse en attendant que quelqu'un vint les inviter, comment, ma pauvre Léonore, disait l'une des deux à sa compagne, tu es brouillée avec Jules; je ne savais pas cela : comment donc cela s'est-il pu faire? ce jenne homme paraissait t'être bien attaché. — Comme tu dis fort bien, il paraissait m'être attaché; mais si tu savais tout ce que cet être-là m'a fait souffrir pendant les six semaines que nous nous sommes connus, ah! ma chère, il m'a fait des traits!... — Qu'est-ce qui aurait dit ça à le voir? On a bien raison de dire des hommes que le meilleur n'en vaut rien ; et vous êtes décidément brouillés ? — Oh! tout-à-fait, c'est moi qui l'ai voulu : eh bien! je te l'avouerai, malgré ses torts, je le regrette. — Tu es bien bonne. — Ah! c'est que tu né sais pas ce que c'est quand on a connu quelqu'un ; depuis que je ne le vois plus, ça m' fait un vide, je ne peux pas rester sans. — Est-ce que tu crois qu'il ne cherche pas à renouer ? — Il m'a écrit dans cette intention-là. — Faut lui répondre; qu'est-ce qu'il te dit dans sa lettre ? — Qu'il se tuera si je persiste dans mes intentions de ne plus le revoir. — Oh! quant à cela, il n'y a pas de danger: se tuer, ça s' dit, mais ça ne se fait pas. L'as-tu là sa lettre ? — Oui, elle est dans mon sac : tiens, la voilà. — Comment, ma petite, il t'écrit en prose. — Ah! mon dieu, oui. — Ah! si Auguste m'écrivait jamais comme cela. — Comment est-ce qu'il t'écrit ? en vers, lui. — Jamais autrement. — Que tu es heureuse! — Sans compter... qu'il fait des romances, des calembourgs, et qu'il joue du flageolet. — Eh bien! à la bonne heure, au moins comme cela on ne s'ennuie pas dans les tête-à-tête: c'est agréable cela, au lieu que Jules, lui, s'endort au lieu de jouer du flageolet. — Comment, il dort! faites donc un amant pour avoir une société? — Oui, comme c'est amusant: — Et puis avec cela Auguste est généreux, il me fait souvent des cadeaux. — Est-ce que c'est encore lui qui t'a fait celui-ci? — Oui. — Oh! que je voudrais avoir une chaîne comme cela. — Demande-lui son portrait, c'est le vrai moyen: aussi je l'adore Auguste. — Il le mérite. Dis-donc, Fifine, a-t-il un ami? — Je m'en informerai. — Tu me feras plaisir, ça remplirait le vide que me laisse l'absence de Jules. — Tu es donc bien décidée à ne plus le revoir? — Oh! tout-à-fait décidée, à moins pourtant que je ne le rencontre; car je ne serais pas maîtresse de mon émotion, ça vous fait tant de mal de se trouver inopinément en face de quelqu'un que l'on a connu, et qui ne ne vous est plus de rien. — Pour moi, je crois que je m'évanouirais. — C'est aussi ce qui m'arriverait si cette rencontre avait lieu partout ailleurs que dans la rue... Deux jeunes gens qui s'avançaient en ce moment vers ces dames pour les inviter à danser, firent cesser cette conversation qui m'avait beaucoup diverti, et qui me fait encore sourire

chaque fois que je me rappelle la sus-
ceptibilité de mademoiselle Léonore,
qui s'évanouirait si sa rencontre avec
l'amant disgracié avait lieu partout ailleurs que dans la rue ! ! !

CHAPITRE IV.

QUARTIER DE L'ÉCOLE DE MÉDECINE.

COUTURIÈRES.

....
.... Suis-moi de ce côté.
Considère un moment cette jeune beauté ;
On s'empresse autour d'elle, on la fête, on l'admire
A l'éclat mensonger de ce faux cachemire
Qui prête un nouveau charme à ses tendres attraits
Elle doit son triomphe et ses brillans succès.
Tu la croirais au moins une riche héritière.
Ah ! quelle est ton erreur! c'est une couturière,
Que demain nous verrons, d'un pas précipité,
Porter cette parure au Mont-de-Piété.
Cet asyle sacré, voilé par le mystère,
En est, pendant six jours, l'heureux dépositaire.
VERJUX, (*Coup-d'œil sur le siècle*).

En partant de la rue Saint-Denis, tra-
versons le Pont-au-Change, la place du

Palais de Justice, le Pont Saint-Michel, et nous arriverons indubitablement dans les environs de l'Ecole de Médecine : ce quartier ne sera pas celui qui nous offrira le moins de tableaux. Faisons donc une petite revue des couturières que les rues de la Harpe ainsi que les ruelles Percée, Poupée et autres ruelles avoisinantes recèlent à foison ; l'innocence y demeure toujours au septième au-dessus de l'entresol, c'est un peu haut ; mais tant de censeurs chagrins nous crient depuis si long-temps que l'innocence n'est plus qu'au ciel, qu'il y a quelque consolation à penser qu'on en trouve encore dans le quartier de l'Ecole de Médecine à une hauteur raisonnable, il est vrai, mais qui du moins n'est pas hors de toute atteinte. Amans du romantique, qui dans vos songes creux ne rêvez qu'aux vierges de l'âge d'or, traversez les deux ponts que je viens de vous désigner, et les fictions dont votre imagination se nourrissait se trouveront réalisées au milieu de la corruption générale, au milieu de cet amas de vices enfoui dans l'immense cité. Il est encore des âmes candides : entrez rue de la Harpe, par exemple, dans la première allée venue ; montez, sans vous lasser, jusqu'à ce que la rampe vous manque ; vous trouverez une corde à puits pour y suppléer ; grimpez encore, enfilez le corridor qui s'offre à vous, à votre droite ; prenez la deuxième porte à gauche, tournez le bouton, et vous voilà chez l'innocence, c'est-á-dire, chez une couturière. Que diable ! je ne puis pas mieux vous indiquer cela, moi ; je vous détaille les tenans et les aboutissans : si après tout cela vous vous trompez, et qu'au lieu d'arriver chez l'innocence, vous allez vous fourrer je ne sais où, ma foi. tant pis pour vous, je m'en lave les mains.

Comme l'innocence, dans ce siècle pervers, court toujours les plus grands dangers quand elle demeure seule, elle a soin de se mettre sous la sauve-garde des disciples d'Esculape, dont ce quartier fourmille ; et cela pour cause de santé, me direz-vous ? Eh ! non, est-ce que l'innocence est jamais malade !

Voulez-vous trouver nos petites couturières, le dimanche ou les jours de fête, allez à la barrière d'Enfer, à celle du Maine, au théâtre du Mont-Parnasse, voire même celui de Bobinot, à la Chaumière Suisse, chez Ragache, à Vaugirard ; elles prennent-là du plaisir à cinq sous par cachet : ce n'est pas cher, assurément, il y a tant de gens, et des plus hupés encore, qui dépensent bien davantage et ne peuvent en avoir.

Dans ces endroits délicieux, les intrigues vont leur train, et plus d'une petite couturière vous lance un coup-d'œil à la dérobée, quoiqu'étant assise auprès de l'ami du cœur qui est, pour l'ordinaire, ainsi que je viens de le dire, un étudiant dans l'art d'Hippocrate. Elle *l'adore* cependant depuis six semaines qu'ils vivent ensemble sous le même toit, dans la même chambre : j'allais dire, sous la même couverture, comment n'aurait-elle pas mis en lui ses plus chères affections ? Oui, elle l'aime, et si elle vous lance un regard provocateur, c'est qu'il faut songer à l'avenir. Les cours vont être bientôt interrompus,

Eugène sera obligé de s'éloigner de Virgi-nie et d'aller passer dans sa famille le laps de temps qui doit s'écouler jusqu'à leur réouverture. Tout cela mérite réflexion; car, comme ledit fort bien la pauvre en-fant, c'est si ennuieux les *vacances ! !* D'a-près cela, prenez courage, vous que le mé-tier de remplaçant n'effraie pas, mettez-vous sur les rangs et soyez certain que, dès que la garnison aura évacué, vous pourrez entrer en casernement.

Si nos petites couturières — grisettes vont par fois *extra muros* pleurer au Ma-riage de Figaro, ou rire à quelqne tragé-die qui, jouée par les artistes de MM. Sé-veste, n'est rien moins que tragique, et qui renversant les règles d'Aristote, ex-cite l'hilarité des spectateurs plutôt que leur pitié et leur terreur, (*) leurs plai-sirs ne se bornent pas là, ni même à sa-bler le vin à six sous et danser le fin ri-

---

(*) Ce n'est assurément pas la faute de Racine ni de Voltaire si leurs personnages prêtent à rire, mais bien celle de MM. tels et tels. Demandez plutô aux habitués.

gaudon ; non, les galans étudians font
faire quelquefois à leurs belles des ex-
cursions lointaines : on voyage jusqu'à
Montmorency, pour y jouir du délicieux
plaisir de la cavalcade... à cheval ? non
à âne.

Quel charmant coup-d'œil offre cette
caravane de jeunes beautés montées sur
des coursiers d'Arcadie, richement ca-
paraçonnés, me disais-je un dimanche
que je me trouvais à Montmorency, non-
chalament étendu derrière une haie pour
me garantir de l'ardeur du soleil ! Quelle
joie bruyante fait éclater cette petite
troupe ! oh ! oh ! Mais voici un maître
aliboron qui va bien doucement, le reste
de la caravanne a déjà bien de l'avance
sur lui. Ah ! je vois ce que c'est ; la jeune
personne qui le monte craint de tomber,
et pour la rassurer, un jeune homme lui
donne la main pour lui prêter secours et
assistance, ainsi que le doit faire tout
brave et digne chevalier. O ciel ! malgré
ses précautions, la belle perd l'équilibre... il la reçoit dans ses bras (je voyais à
travers la charmille ce qui se passait de

l'autre côté sans risque d'être aperçu); il la porte sur l'herbe du fossé qui borde la route; son chapeau détaché me laisse entrevoir sa figure; et je reconnais en elle mademoiselle Aglaé, couturière, et ma voisine. Serait-t-elle blessée, me dis-je; c'est probable, car je l'entends soupirer .... Je crois qu'elle parle. Oui, écoutons. — Quelle folie, Victor, de m'avoir fait rester ainsi en arrière. — Sois tranquille, nous les rattraperons.— Décidément je ne veux pas faire ce que tu exiges.—Ma chère Agathe, tu le vois, nous sommes seuls.—Oui, *je le vois*, mais, ô dieux! si quelqu'un venait à passer.—Non, personne; et un baiser dont le bruit vint jusqu'à moi fit expirer la parole sur les lèvres d'Agathe. Il se fit un silence que le lecteur expliquera comme il voudra; je n'ai de ma vie, je crois, joué un role plus sot que dans ce moment, enfin la parole revint à Agathe, elle donnait à Victor les plus ardens baisers, lui prodiguait les noms les plus doux.—Tu ne me tromperas jamais? lui disait-elle. — Peux-tu douter de mon amour pour toi.—Ton inconstance me ferait mourir.—Ne t'ai-je pas juré cent fois que je t'adorais. —Oui, mais. — Eh bien ! je prends de nouveau le ciel à témoin de n'avoir jamais d'autre femme qu'Agathe.—Ah ! mon cher Victor puis-je te croire ? —Pour preuve de ma sincérité prends cet anneau. — Ah mon ami !— C'est un gage de fidélité, prends garde de le perdre !... Là se termina le dialogue ; quelque bruit qu'ils entendirent sur la route, les fit se relever vivement. Agathe répara à la hâte, tant bien que mal, le désordre que sa chute avait occasioné dans sa parure ; puis, à l'aide de son galant chevalier, remontant sur le docile animal, qu'elle croyait avoir été le seul témoin de ses ébats, tous les trois reprirent le chemin du village, je m'éloignai aussi d'un lieu où je venais de faire une si sotte figure ; assez mécontent d'avoir été la dupe de ma petite voisine, la couturière, que jusque-là j'amais toujours cru être très-sage.

Nos deux *amans* rejoignirent la petite caravanne, ou, pour mieux dire, celle-ci vint à leur rencontre. On s'imagine bien que, pour éviter les sarcasmes dont ils allaient être l'objet, nos jeunes gens forgèrent à la hâte une histoire. L'ânon de mademoiselle Agathe, qui paraissait d'un naturel si doux, l'avait tout-à-coup emportée à travers champs; et, sans la promptitude avec laquelle M. Victor s'était mis à sa poursuite, qui sait jusqu'où l'indomptable coursier l'aurait entraînée; elle venait, grâce à lui, d'échapper au plus grand danger qu'une jeune personne, qui n'est pas expérimentée dans l'art de manier la bride, puisse courir, et, en disant ces mots, ses regards témoignaient sa gratitude à son cher Victor. On ajouta, ou on fit semblant d'ajouter foi à ce récit. Quant à moi qui connaissais la nature du service que M. Victor avait rendu à sa belle amie, je n'étais pas étonné du tribut d'éloge et de reconnaissance qu'elle lui payait; on ne pouvait feindre avec plus de grâce et en même temps avec plus d'effronterie. Victor, que toutes ces subtilités fatiguaient, y mit fin. Voilà une jolie personne, dit-il à Agathe, en voyant passer à quelque distance une jeune femme de la mise la plus distinguée, et dont la tournure était vraiment charmante ; l'air fille ! répondit aussitôt notre couturière avec un ton qui voulait dire : je suis jalouse d'un regard donné à une autre que moi ; et, comme Victor ne cessait de suivre des yeux la jolie personne qui avait captivé son attention. Cette personne vous intéresse donc bien, monsieur, lui dit-elle. Ce reproche tacite rappela Victor à lui-même, et, se retournant vers Agathe, il déposa à la dérobée un baiser sur sa main. A la bonne heure, lui dit-elle à voix basse ; mais, une autre fois, que je vous y reprenne !

Comme j'avais reconnu, parmi les jeunes gens composant la petite troupe demi-équestre, deux ou trois de mes amis, élèves de l'école de droit, je pris part à la conversation ; mais, tout en causant avec eux, j'avais l'oreille à ce qui se disait autour de moi ; et la conversation de ces dames me parut tellement offrir d'intérêt, que je ne pouvais m'empêcher d'en saisir, par-ci par-là, quelques phrases. Il s'agissait de petites confidences d'amourettes : jugez si cela ne méritait pas quelque attention de la part d'un observateur. Votre cousin n'est donc pas venu avec nous aujourd'hui, dit Agathe à une petite blonde qui se trouvait à côté d'elle, et qui, par parenthèse, me faisait l'effet d'être assez niaise de son naturel. Non, ma bonne amie, répondit celle-ci ; il m'a dit qu'il avait promis à mademoiselle Clara de passer la journée avec elle. — Et vous vous arrangez de cela ? — Pourquoi pas ? — Comment, pourquoi pas ? — Dame ! puisque c'est sa maîtresse. — Je croyais qu'il vous faisait la cour ? — Oui, mais c'est bien différent ça, je serai sa femme, c'est pour le bon motif. — Oui, va t'en voir ? — Puisqu'il me l'a juré. — Est-elle d'une bonne pâte ? allez, je m'y connais : votre cousin n'est qu'un monstre, qui ne mérite pas qu'une honnête femme s'attache à lui ; et si vous m'en croyez... — Eh bien !

nous le ferons aller. — Dame, je veux bien. — Je veux vous faire faire connaissance avec quelques jeunes gens qui n'auront pas de Clara à aller voir le dimanche ; c'est une horreur ! — Vous êtes bien bonne, répliqua la petite niaise. De mon côté j'admirai l'astuce de mademoiselle Agathe, et je me dis à part moi : voilà pourtant comme les femmes se perdent mutuellement, *ô tempora, ô mores !* et pour complément, ô couturières !!! ô grisettes !!!

———

CHAPITRE V.

QUARTIER DU MARAIS.

—

BRODEUSES.

Les grisettes qui offrent le plus d'analogie avec les couturières sont les brodeuses; ce sont les environs de la place Royale qui les récèlent pendant le jour, et le soir elles circulent avec une grâce admirable sur les boulevards. Pourquoi faire, demandera le lecteur qui prend toujours en mal tout ce qu'on lui dit? Eh parbleu! pourquoi faire? pour prendre le frais apparemment. N'est-ce pas pour cela, ami lecteur, que vous vous promenez par une belle soirée? — Si fait. — Eh bien! croyez-vous que nos jolies brodeuses agissent dans une autre intention que vous? non assurément, vous ne pouvez pas le penser et vous ne le pensez pas.

Voyez-vous cette double rangée de jolies femmes symétriquement placées devant le jardin Turc ? Eh bien ! pensez-vous qu'il n'y ait pas là de nos petites grisettes du Marais ? Si fait, parbleu, il y en a, il y en a même beaucoup ! un de nos vaudevillistes les plus spirituels a dit, en parlant de ce jardin, réunion de tout ce que les grâces offrent de plus piquant.

AIR : *Du Premier Pas.*

Au Jardin Turc
Un chacun prend ses aises ;
En s'y rendant le soir, on est bien sùr qu'
On y verra des beautés un peu niaises,
Et trouvera la vertu sur des chaises
Au Jardin Turc.

Mais, me direz-vous, il n'y a aucun rapport entre la vertu et vos grisettes du Marais. D'accord, aussi la vertu, tranquillement assise, regarde-t-elle passer indifféremment tout le monde en se jouant avec un éventail ; au lieu que nos

grisettes, un mouchoir à la main, par-
courent en folâtrant le jardin et ses petits
bosquets.

Comme les brodeuses peuvent être
rangées encore dans la classe des grisettes
du bon ton, leur mise n'offre rien que
de décent, et l'élégance chez elles s'u-
nit à la simplicité : elles jouent l'ingénuité
à s'y méprendre, et pourtant elles connaissent mieux que personne l'art de
faire tourner un homme, pour me servir
de leur expression. Elles tendent leurs
filets avec tant d'adresse, que le plus fin
s'y laisse souvent envelopper ; leur conversation n'a rien de trivial, elles y font
ressortir avec éclat l'esprit naturel dont
elles sont douées ; et ce n'est pas là une
des moindres qualités qui attachent à
leur char de nombreux adorateurs.

Le spectacle acrobate de Madame
Saqui est aussi un des endroits où l'on
trouve le plus souvent les grisettes du
Marais ; et quand l'œil de l'amateur se
repose avec plaisir sur cette élégante
rangée de jolies femmes qui garnissent
les premières galeries et l'avant-scène,

il est loin de penser que la plupart de ces dames ne sont que de petites ou-vrières qui viennent chercher un délasse-ment au travail de la journée dans cet endroit fécond en aventures galantes.

Le jeune homme à la mode ou le cé-libataire désœuvré viennent aussi dans ce lieu : le premier pour y étaler sa fa-tuité et s'admirer dans les mille et une glaces qui reproduisent son image de toute part; le second parce qu'il n'a rien de mieux à faire, et qu'il peut passer là une soirée assez agréable à peu de frais; il a, outre le plaisir du spectacle, celui de la conversation avec quelqu'une des jolies voisines qui l'entourent. Ces dames rient de si bon cœur en voyant les lazzis de pierrot ou d'arlequin, qu'il faudrait être bien misanthrope pour ne pas partager leur gaieté. L'explication de la pantomime que l'on vient de représenter fournit naturellement un sujet à la conversation pendant l'entr'acte ; et, comme dans la pantomime, le geste plus éloquent que la parole a rendu la conversation de plus en plus intéressante, on était étranger l'un à l'autre au commencement du spectacle ; mais à la fin on a l'air d'être d'anciennes connaissances. Pendant l'intervalle du spectacle, la dame a témoigné quelque inquiétude de ce que des personnes qu'elle attend ne viennent pas. Le spectacle est terminé, et les personnes si vivement désirées ne sont pas venues. Alors, en homme qui connaît son monde, on offre de reconduire sa charmante causeuse ; elle refuse d'abord, on insiste ; et notre belle, réfléchissant qu'il n'est pas prudent à une jeune personne de regagner seule le quartier qu'elle habite, accepte le bras du cavalier galant qui lui offre sa protection contre les dangers que peut courir une jeune fille dans les rues de Paris à onze heures du soir, surtout, et puis.... et puis....

A propos de cela, il me revient en mémoire une petite anecdote que je ne puis passer sous silence. Il est si rare de voir une grisette dupée, que je pense que mes lecteurs me sauront gré d'avoir prouvé, par un exemple, qu'elles se jouent pourtant quelquefois à plus fin qu'elles. Ma narration pourra ne pas plaire à ces dames; mais, ma foi, tant pis: la vérité avant tout, la vérité, je ne sors pas de là.

Fière de la conquête qu'elle venait de faire au théâtre mentionné tout-à-l'heure, une de nos petites grisettes brodeuses, que nous nommerons Julie, regagnait avec son cavalier, homme d'une quarantaine d'années, et dont la mise annonçait l'aisance, la rue des Minimes où elle demeurait; chemin faisant, notre homme avait fait les offres les plus séduisantes. Pour qui me prenez-vous? s'était d'abord écriée notre grisette, à la proposition qu'il lui avait faite de passer la nuit avec elle, ajoutant qu'elle n'aurait qu'à se louer de sa manière d'agir envers elle et de sa générosité; enfin il fit tant et si bien, que Julie, qui ne demandait pas mieux, s'humanisa; et, lorsqu'on arriva à sa porte, le plus parfait accord régnant entre les deux parties adverses, on ne jugea pas à propos de se séparer. Voilà donc notre homme admis chez sa facile compagne,

dont un métier à broder qu'il aperçoit dans un coin de la chambre lui
dévoile l'état. Comme il est tard, on
se contente d'un frugal souper, et l'on
se hâte de répondre à l'appel de la
volupté. Notre grisette se déshabille et,
sans faire semblant de rien, elle a l'œil
à tous les mouvemens de celui qui
doit partager sa modeste couchette; elle
lui voit tirer de son porte-feuille un
papier qu'il déploie et pose sur la table
de nuit: les yeux charmés de Julie s'y
reposent; le format du billet, l'encadrement et ces mots flatteurs qu'elle peut
y lire, *cinq cents francs*, ne lui laissent
aucun doute sur la valeur du cadeau
qu'on lui fait. C'est un billet de banque; elle est trop délicate pour s'en
saisir en présence de son généreux
amant, il lui suffit du coup d'œil qu'elle
y a jeté; la satisfaction intérieure qu'elle
éprouve se répand sur tous ses mouvemens; elle met en usage tous les raffi-
nemens de la volupté, et son heureux
amant épuise dans ses bras la coupe
du plaisir jusqu'à la lie. Vénus même,

dans les bras de son cher Adonis, ne fut jamais plus lascive que l'était notre grisette dans ceux d'un amant qui ne datait que de quelques heures.

Le jour mit une trève aux charmes de cette heureuse nuit, et prétextant une affaire indispensable, notre homme se lève de bonne heure, s'arrachant ainsi des bras de sa nymphe, qui lui fait les plus tendres caresses et l'engage à ne pas l'abandonner encore; il proteste qu'il viendra passer souvent de pareilles nuits dans ses bras; et Julie, à qui cette promesse annonce souvent de pareils cadeaux, est enchantée; enfin, il part. A peine est-il sorti, qu'elle s'empare du trésor qui doit payer au centuple ses fatigues de la nuit : quel est son désappointement ! Le scélérat! s'écrie-t-elle; une sueur froide coule par tout son corps; la honte et la fureur se combattent dans son âme, elle est agitée de mille sentimens divers; mais il ne lui reste pas la force de proférer une seule parole.

J'entends le lecteur me demander,

qu'avait donc votre grisette pour tomber ainsi en pamoison ? Pour réponse, je lui apprendrai que les adresses de M. Désirabode, dentiste au Palais-Royal, sont gravées sur le modèle d'un billet de banque de cinq cents francs, même papier, même format, même encadrement; et l'on s'y méprendrait si on ne lisait au-dessus de ces mots, *Cinq cents francs*, ceux-ci tracés en caractères presqu'imperceptibles, *Ratelier complet pour.....* Comprenez-vous à présent, chers lecteurs? c'est une de ces adresses que notre grisette recevait pour prix des nombreux sacrifices qu'elle venait de faire à l'amour et à l'intérêt; jugez si sa fureur n'était pas légitime. Elle eut assez de bon sens, pourtant, pour ne pas ébruiter son aventure, et, peut-être, personne n'aurait jamais eu connaissance du tour sanglant qui lui avait été joué, si elle n'avait eu la sottise d'en faire confidence à une autre grisette comme elle et sa *meilleure amie*, qui lui promit un secret inviolable sur un *événement aussi affreux*, et n'eut rien de plus pressé, en sortant de chez elle, que de le conter à qui voulait l'entendre, et toujours en recommandant le plus profond secret à ceux qu'elle mettait dans sa confidence.

Ne croyez pourtant pas, d'après l'anecdote que je viens de vous conter, que nos brodeuses soient faciles à tromper; non, rappellez-vous plutôt que, se jouer à une grisette, à quelque classe qu'elle appartienne, c'est se jouer à plus fin que soi.

CHAPITRE VI.

QUARTIER DU PANTHÉON.

BLANCHISSEUSES.

Nous avons parcouru les six principaux ordres de la hiérarchie des grisettes, et les classes que nous avons encore à signaler à nos lecteurs n'iront plus qu'en dégénérant : c'est dans la rue Mouffetard et celles avoisinantes que nous chercherons maintenant des sujets pour nos tableaux ; les belles *du battoir* méritent de notre part une mention honorable ; leur réputation fait assez de bruit dans Paris, pour qu'elles aient droit à quelque rôle dans notre comédie des grisettes. Faisons-les donc paraître sur la *seine*. Attention donc, Monsieur le compositeur ! ne voyez-vous pas que j'ai écrit *scène* et non pas *Seine* : après cela on irait crier que j'ai voulu faire des jeux de mots; et, pour ma réputation, je veux éviter ces sortes de choses-là. Mon ouvrage est déjà bien assez mauvais comme cela, sans que vous le surchargiez encore de quelques méchans calembourgs : ainsi corrigez-moi ce mot-là, et rétablissez-le dans sa forme primitive. — Mais, vous avez tort, Monsieur l'auteur, de vouloir me faire changer ce mot. — Pourquoi donc cela ? — Parce qu'il aurait pu servir d'excuse à la fragilité de l'honneur de vos blanchisseuses. — Comment l'entendez-vous ? — Que vos lecteurs n'auraient pas manqué de remarquer qu'une vertu qui est toujours sur l'eau ne peut pas manquer de faire naufrage tôt ou tard. — Allons, c'est bon, monsieur le mauvais plaisant; encore une fois corrigez-moi ce mot là. — Puisque vous le voulez absolument, voilà qui est fait. — A la bonne heure !

Ne pensez pas, cher lecteur, que ce soit par le peu d'élégance de la mise que les blanchisseuses offrent un contraste avec les grisettes dont nous avons parlé jusqu'à présent? non, cette mise n'est pas toujours aussi simple que l'on pourrait le supposer; et lorsque vous voyez quelquefois une belle dame portant un élégant bonnet, le schal en tulle brodé et la robe à falbala, et donnant le bras à quelque cent-suisse, grenadier ou houssard de la garde, soyez assuré que ladite belle dame est une blanchisseuse, pour le moins, parée.... aux dépens de Madame une telle sa pratique, c'est-à-dire, revêtue des effets que celle-ci lui a donnés à blanchir. De là le retard que vous éprouvez souvent pour ravoir votre linge, qui n'a pas séché malgré le plus beau temps du monde.

Ainsi que je viens de le dire, ce genre de grisettes a un goût décidé pour le militaire. Elles ont vraiment l'esprit patriotique ces dames: oui, c'est par pur amour de la patrie qu'elles accordent leurs faveurs à ses braves défenseurs; leur patriotisme va même jusqu'à préférer les vieilles moustaches de Friedland et de Wagram aux jeunes barbes de nos jours;

elles préféreront un sapeur à un Jean-Jean, dénomination qu'elles donnent à nos modernes héros, parce qu'elles savent *qu'il est bon là le sapeur.*

C'est à la barrière des Deux-Moulins et à la Glacière que l'on rencontrera le plus fréquemment ces amantes de la gloire ; c'est là que vous pourrez vous ré-créer un instant le dimanche : si vous êtes amateur d'entendre des *cancans*, faites comme moi, entrez dans quelque guinguette de la barrière des Deux-Moulins, vous trouverez bientôt occasion de satisfaire votre goût pour les nouvelles ; si, par exemple, votre délicatesse était susceptible d'être blessée par la grossièreté des expressions, je ne vous conseillerais pas d'écouter la conversation de ces dames : rien n'est plus trivial, et vous pourrez en juger par la conversation sui-vante que j'entendis un jour que je m'é-tais placé non loin de deux de ces dames qui étaient restées à table, tandis que deux de leurs campagnes pinçaient le fin ri-gaudon avec des militaires de leur société. Il paraît que la conversation allait son train depuis quelque temps déjà, lorsque je me plaçai : ce qui ne m'empêcha pas d'entendre encore le dialogue suivant :

Ce n'est pas tout, Javotte, disait une de nos belles à l'autre qui lui prêtait la plus grande attention ; et Constance qui est à son onzième. — Ah ! bah ! — Parole d'honneur ! — C'est fameux ça, et qui donc lui a fait c'magot là encore ? — Ma foi, on ne sait pas trop au juste, et j'crois bien que la pauvr' fille n'en sait trop rien elle-même : elle pense que c'est l'brigadier des cuirassiers, c'est z'une erreur parc'qu'y n'va pas si souvent chez elle que l'autre. — Qui donc l'autre ? — Eh ben ! tu sais bien, le trombonne du régiment des housards de la garde, tu l'connais bien. — Ah ! oui, celui qu'à l'air si aimable quand y vous regarde. — C'est ça. — C'est donc son amant ? — C'est-à-dire, c'était son amant, parce qu'il l'a quittée, et c'est ce qui me ferait croire davantage que l'fruit qu'elle porte viendrait de c'te souche là ; car à peine a t'y su qu'elle était enceinte, qu'il lui a tiré sa

révérence, et puis ni vu, ni connu, j't'em-
brouille; mais j'trouve qu'il a eu tort de
quitter c'te p'tite qui avait vraiment des
procédés pour lui; elle payait son service, et combien d'fois qu'elle l'a nourri
chez l'traiteur; eh ben! il a fait connaissance à présent avec une petite ou-
vrière qui n'pourra lui payer tout au plus
que d'l'eau. —Le v'la t'y pas bien loti?—
Un si joli garçon! —C'est vrai, mais c'est
qu'elle l'affectionnait c'te p'tite Constance, elle aurait vendu jusqu'à son dernier jupon pour lui: combien de fois
qu'elle a mis ses effets en plan pour cet
être là; eh ben! croirais-tu qu'il a em-
porté les reconnaissances?—Ah! Dieu,
c'est y possible, ah! les hommes, les
hommes, c'est tous des monstres! — Je
crois bien que le brigadier d'cuirassiers
va la planter là aussi; il s'est aperçu
qu'elle lui faisait des traits.—Ah! dame,
tant va la cruche à l'eau que.... — T'as
raison; eh ben! ça s'ra un d'plus qu'elle
laissera à la Bourbe, ça s'ra un nourrison
qu'ira chez ma *tante*, mon oncle en
prendra soin. — S'en fait-il, s'en fait-il

dans Paris d'ces enfans là.—C'est vrai, ah! et puis, dis donc, Javotte. — Quoi donc? — La fille à Margot qu'a quitté le métier.—Bah!—Oui, elle s'destine au théâtre. — Pas possible.—Si fait, foi de Suzon, elle est élève du *Conversatoire* ; c'est à un Monsieur, qui lui a entendu chanter une fois c'te fameuse chanson qui r'commande aux blanchisseuses de s'méfier de leur cœur, qu'ell' doit ça. Il lui a trouvé zun' voix superbe. —C'est drôle, moi, avec ses rouleries, elle me faisait l'effet de chanter comme un chat qui a l'cou pris sous une porte. —Mais c'qu'est l'plus beau d'l'affaire, c'est que d'puis qu'ell' zest au Conversatoire, elle ne me regarde tant seulement plus, et puis ça porte des falbalas, et puis des chapeaux avec de belles panaches. — La fille d'une portière, faire panache! si ça n'fait pas suer!!! alors elle est bien avec le Monsieur. — Tiens, si elle est bien, c'te bêtise! si bien qu'avant quelques mois d'ici on ne l'appelera plus que Madame gros comme le bras. — Tiens, est ce qu'il l'épouserait? — Pas si bête, mais comme c'est lui qu'a eu la fleur de c'te jeunesse, et qu'il l'a mis dans l'embarras, il est juste qu'il fasse quelque chose pour elle.—Allons, je vois ça, une dot et un mari. — Justement. — Mais, comment donc que tu fais pour savoir toujours tout comme ça? — J'ai appris ce que je te dis là par la filleule du neveu du beau-frère de l'intendant du Monsieur en question; ainsi, j'espère que j'tiens ça de bonne source.—Qu't'es heureuse d'avoir comm' ça des connaissances partout! — C'est pas difficile, y n's'agit que d'avoir un peu de bagout avec les pratiques pour leur zy tirer les verres du nez; et … Ici la conversation de nos deux demoiselles, qui commençait à devenir tout-à-fait triviale, fut interrompue par l'arrivée de leurs compagnes, que la fin de la contredanse ramenait à leur table avec deux vieux sergens de la ligne, qui semblaient faire partie de leur société. Nos deux militaires, qui venaient de faire danser la moitié de leur société, car, à leur conversation, je ne pus bientôt plus douter que nos deux sergens courtisaient les quatre belles à-la-fois ; c'était-là le cas de dire qu'ils se mettaient en quatre pour leur plaire, et ils y réussissaient, à en juger par les tendres œillades que leur lançaient les quatre nymphes ; nos deux militaires, dis-je, invitèrent pour la prochaine Suzon et Javotte. La première accepta de suite ; mais mam'zelle Javotte faisait un peu sa minaudière. Comment, ça s'rait possible que vous refusiez d'être mon chef de file dans la prochaine, Mam'zelle, lui dit le vieux grognard qui l'invitait ! — C'est que je ne m'sens pas disposée pour la danse dans c'moment-ci. — Allons, oui-z-ou non, pas de manières ; j'aime pas les chipis d'abord, répliqua galamment notre zéphir à trois chevrons en faisant une espèce de demi-pirouette ; et mademoiselle Javotte, qui craignait de se mettre mal dans son esprit, si elle persistait dans ses refus, accepta son invitation. Qu'elle s'attendait peu au malheur prêt à fondre sur elle !

Les musiciens venaient de faire entendre ce premier coup d'archet harmonieux des guinguettes, signal qui sert de ralliement aux amours, et les avertit de se mettre en place pour les *chassez-croisez*; nos deux sergens et leurs belles, promptes à répondre à ce signal, s'étaient empressés de se mêler aux quadrilles des danseurs. La contredanse commence pour nos amans sous les plus heureux auspices, et rien n'annonce que l'issue en sera fâcheuse. Javotte, que les douceurs que lui débite son partenaire mettent en gaieté, se trémousse avec une grâce charmante; mais, ô malheur inattendu! à l'instant où le musicien commande la *queue du chat*, un malencontreux maré-chal-des-logis de grenadiers à cheval arrive et applique à notre belle deux ou trois vigoureux soufflets. Aussitôt grand bruit, grande cohue; les danses cessent mais les musiciens vont toujours leur train, et c'est avec accompagnement d'orchestre que le maréchal-des-logis achève ou du moins tente d'achever la correction qu'il destine à son infidèle.

Ça ne se passera pas comme ça, criaient les deux vieux sergens de la ligne ; ça ne se passera pas comme ça, criaient de leur côté les trois compagnes de Javotte ; car, pour elle, il ne lui eut pas été possible de proférer une parole. Les deux sergens courent à leurs briquets et à leur schakos qu'ils avaient laissés à la table ; le maréchal des logis paraissait impassible au milieu de tout ce bruit, seulement, il apostrophait Javotte dans les termes les plus énergiques, et celle-ci avait fini par juger que le meilleur moyen, pour se tirer d'affaire, était de se trouver mal : c'est ce qu'elle fit avec la meilleure grâce du monde. Enfin, pour terminer la querelle, le sergent, qui avait pris mademoiselle Javotte sous sa protection, proposa au maréchal-des-logis d'aller sur le terrain pour *se rafraîchir d'un coup de sabre*. La proposition fut acceptée avec empressement : j'ignore quelle fut l'issue du combat, car je désertai la guinguette, révolté des scènes crapuleuses dont j'avais été témoin, et me promettant bien de ne pas lier d'amourettes avec une blanchisseuse, vu que je suis d'une humeur très - pacifique, et qu'en devenant l'amant de quelqu'une de ces dames, il faut presque toujours s'attendre à faire connaissance avec la lame du sabre de quelque moustache.

Avis aux gens du civil, qui n'auraient pas plus de goût que moi pour ces sortes de passe-temps.

———

CHAPITRE VII.

QUARTIER DE L'HÔTEL-DE-VILLE.

BORDEUSES DE SOULIERS.

Bordeuses de souliers, cette dénomination a-t-elle jamais eu quelque rapport avec celle de grisettes, s'écriera le le lecteur, en confrontant le titre de cet article avec celui de l'ouvrage? Oui, répondrai-je , parce que le titre de grisette s'attache à toute fille ou femme dont les mœurs sont suspectes, mais qui pourtant professe un état et n'a pas ouvertement arboré l'étendard du libertinage, en faisant, du trafic de ses charmes, son fonds et son revenu. Donc considérées sous ce point de vue, les bordeuses de souliers viennent se placer naturellement dans notre revue des

belles, dites de la petite vertu ; et la trivialité de leur genre n'est pas une raison
suffisante pour les exclure d'un ouvrage
où nous devons mentionner toutes les
classes de grisettes. Sur elles, comme
sur les autres, nous dirons la vérité,
quand même !...

Amateurs des conquêtes faciles, vous
qui regarderiez comme perdus huit
jours employés à filer le parfait amour,
et que le seul mot de sentiment fait
sourire, je vous recommande les bordeuses de souliers et vous les garantis pour
être votre fait. Accoutumées à ne recevoir que les hommages des malheureux
manœuvres qui garnissent tous les ma-
tins la place de l'Hôtel-de-Ville, les vô-
tres, surtout, si vous annoncez un certain
genre, flatteront trop la vanité de
ces déesses de la rue de la Vannerie,
pour qu'elles opposent une longue résistance à vos attaques, et ne s'embra-
sent bientôt d'un feu plus ardent peut-
être que celui dont vous brûlerez pour
elles.

C'est aux guinguettes des barrières de

la Courtille et de Ménilmontant que vous rencontrerez nos bordeuses de souliers le dimanche. Fanchon la vielleuse, autrement dire, Dénoyez, à la première de ces barrières; le grand Saint-Eloi, à la seconde, sont les endroits où elles se rendent le plus fréquemment: leur mise est simple, mais propre, coiffées en marmotte dans la semaine; le dimanche, elles se permettent le petit bonnet à fonds brodé, la robe de guingam et le fin tablier de cotonade à raies.

Il n'est pas rare de voir souvent ces demoiselles accompagnées de leurs mamans, ce qui ne les empêche pas de nouer quelque amourette pendant la danse, et de donner à leur partenaire, s'il veut bien prendre la peine de s'en informer, l'adresse de la maison où elles travaillent. D'ailleurs, les mamans elles-mêmes ne sont pas toujours des argus fort sévères, et prêtent assez volontiers la main à ce que leurs filles puissent faire des connaissances honnêtes.

Monsieur, c'est ma fille, dit un jour une bonne femme à un de mes amis qui

se promenait en amateur dans les salons de Dénoyez, et dont une jeune fille de seize ans environ avait fixé l'attention. Cette interpellation imprévue exigeait qu'il y répondît par quelque compliment ; la jeune personne, réellement jolie, le méritait d'ailleurs ; et Charles avait trop d'usage du monde pour laisser échapper l'occasion de dire quelque chose de flatteur à celle dont la jolie figure avait excité son admiration. Madame, s'empressa-t il de répondre, elle a les grâces de sa mère, c'est une rose qui ne démentira pas l'éclat de sa tige.
— Elle ne travaille pas dans les tiges, Monsieur, elle borde les souliers seulement, répondit la bonne femme, qui pensait qu'il s'agissait apparemment de tiges de bottes : la chère enfant, je n'ai pas à me plaindre d'elle, tout ce qu'elle gagne elle le rapporte à sa mère. — Cela fait son éloge, Madame. — Du reste, d'une sagesse, d'une timidité....., et cependant la jeune fille portait sur mon ami un regard hardi et scrutateur, qui ne s'alliait guère avec la timidité

que la bonne mère lui prêtait. Cette dernière, s'apercevant enfin avec quelle attention sa fille examinait Charles : baissez donc les yeux, petite sotte, lui dit-elle à voix basse, mais assez haut pourtant pour que ces paroles n'échappassent pas à Charles, qui, voyant la pauvre enfant toute déconcertée, et voulant réparer en quelque sorte la brusquerie qu'elle venait de s'attirer par rapport à lui, la pria de l'accepter pour cavalier dans la contredanse qui allait commencer, invitation qu'avec l'assentiment de sa mère, Gertrude (c'est le nom de la jeune personne) accepta.

Tout ce bel étalage de sentiment et de modestie, de la part de la mère et de la fille, n'était qu'un moyen adroit pour enlacer plus sûrement dans leurs filets le pauvre Charles dont, au premier coup-d'œil, elles avaient cru deviner la facilité ; mais il n'était pas leur dupe.

La contredanse finie, Charles, enchanté de sa jolie danseuse, la ramena auprès de sa mère ; et, comme ces dames paraissaient être venues seules, et que même elles allaient s'éloigner, du moins à ce que disait la mère de Gertrude, qui observa qu'il était déjà huit heures, et qu'elle n'était montée un instant avec sa fille que par un pur motif de curiosité, n'ayant jamais été de sa vie dans aucun des cabarets de la *Courtille*; elle appuya sur ce mot, avec une espèce de dédain affecté. Charles, qui ne voulait pas sitôt se séparer de la belle enfant qui l'intéressait déjà, insista auprès de la maman, afin d'obtenir d'elle qu'elle demeurât encore quelque temps. Il serait cruel, ajouta-t-il, de priver déjà mademoiselle du plaisir que le reste de la soirée lui promet: accordez-lui d'assister encore à deux ou trois danses, vous vous retirerez ensuite; et si la crainte de vous retirer seule si tard vous empêchait d'accéder à ma demande, j'ose vous prier de me regarder comme votre cavalier, et de m'accorder la faveur de vous reconduire. L'offre était trop du goût de nos deux dames pour être rejetée: on fit pourtant quelques difficultés encore, mais par forme seulement, et on finit par accepter.

Enchanté du triomphe qu'il vient de remporter, Charles fait asseoir sa jolie compagne et sa mère, puis il vole à la cuisine, et va chercher le fin morceau de veau : c'est à peu près tout ce qu'il peut obtenir pour souper, au milieu de la bruyante cohue qui se presse autour des fourneaux du Beauvilliers de la Courtille. En le voyant rentrer dans le salon, chargé de la batterie de cuisine qu'on lui a mise sur les bras, notre nymphe et sa mère se lancent un coup-d'œil significatif, et toutes deux à l'envi grondent Charles d'avoir fait ce qu'elles appellent *une folie* : elles ne veulent, elles n'entendent pas l'entraîner dans la moindre dépense. Ces paroles sont prononcées avec un ton de sincérité, dont Charles serait la dupe s'il n'était au fait de pareilles aventures ; mais comme il prévoit que l'issue de celle-ci ne peut lui offrir rien que d'agréable, vu le minois charmant de Gertrude, il est loin de regretter la dépense dans laquelle l'engage sa galante entreprise.

Après et même pendant le souper, Charles fit encore jouir son aimable compagne du plaisir de la danse; et l'heure étant venue de se retirer, il accompagna ces dames jusqu'à leur porte, où avant de les quitter, il demanda et obtint la permission de venir quelquefois leur présenter ses hommages.

Enchantées de la tournure heureuse que prenait l'intrigue qu'elles venaient de mettre en train, Gertrude et sa mère se promirent d'en tirer bon parti. — Qu'il est aimable! dit la jeune fille, aussitôt qu'elles furent seules. — Très-aimable. — Je le crois généreux et susceptible d'attachement. — Ce n'est pas ce dernier point là qui m'embarrasse, et pour généreux, je ne pense pas qu'il le soit jamais autant que ce monsieur dont nous avons fait connaissance, il y quinze jours, au bal du grand Saint-Eloi. — Oh! ça c'est vrai qu'il est généreux celui-là; ce pain de sucre qu'il nous a envoyé, ces trois paquets de chandelles et puis deux voies de bois; avant rien, c'est ça des procédés! — Ah! c'est très-délicat, et, comme je te le disais, je ne pense pas que monsieur Charles se montre aussi généreux que lui; mais c'est égal, il est toujours bon d'avoir deux cordes à son arc. Ah ça! il faut avoir soin de t'arranger de façon que tes deux *messieurs* ne se rencontrent pas ici. — Oui, maman, et je ferai en sorte que M. Charles ne vienne pas le jeudi; vous savez que M. Richard ne vient que ce jour-là. — Il faut le ménager celui-là; M. Richard est un homme d'âge, mais un galant homme, d'une fortune *très-conséquente*, et c'est à considérer. Quant à M. Charles, que penses-tu qu'il soit? Moi, ça m'fait l'effet d'être un étudiant. — Ah Dieu! si je le savais, il ne mettrait jamais les pieds ici; les étudians, c'est ma bête noire! un négociant en gros, à la bonne heure, parlez-moi de ça! — Tu as tort, un étudiant en vaut un autre quand il a des procédés; étudier, n'empêche pas les sentimens. Et ce fut en conversant de la sorte que Gertrude et sa complaisante mère se mirent au lit, et ne tardèrent pas à s'endormir.

Combien de femmes ressemblent à la mère de Gertrude, et trafiquent, pour ainsi dire, des qualités que possèdent leurs filles! Et combien de jeunes filles à qui l'on pourrait appliquer ces vers d'un poète moderne!

« Cette enfant, sans sa mère, eût peut-être été sage.
» Épouse, à son époux elle eût donné ses soins ;
» Mère, de ses enfans prévenu les besoins.
» Riche des souvenirs d'une heureuse jeunesse,
» Elle eût vu, sans trembler, approcher la vieillesse.
» L'infortunée! hélas! peut-être désormais,
» Marchant rapidement de forfaits en forfaits,
» Infâme, peuplera les repaires du crime,
» Et croupira, sans honte, au fond de cet abîme!..
  » VERJUX, (*Coup-d'œil sur le siècle*). »

Le sommeil de nos deux dames fut très-paisible, les songes les plus rians embellirent celui de Gertrude. La bonne mine de Charles l'avait réellement frappée ; et, de son côté du moins, tout n'était pas spéculation dans l'intrigue nouée de la veille.

Charles, que la petite mine chiffonnée de notre grisette affriandait, ne manqua pas de venir le lundi soir rendre visite à ces dames ; il en reçut le plus grâcieux accueil. Gertrude n'avait rien de la trivialité ordinaire aux personnes de son état, du moins en apparence ; d'ailleurs ce point importait peu à Charles, qui, ne suivant que son penchant pour le plaisir, ne cherchait qu'à faire naître quelque étroite intimité entre lui et celle qu'il nommait sa petite conquête de la Courtille ; il aurait été fâché d'avoir affaire à quelque vertu maniérée : obtenir les faveurs de Gertrude était son désir, le quart-d'heure de la jouissance était tout pour lui, il ne regardait comme perdu que le temps employé avant de l'obtenir. Il fallait pourtant bien se résoudre à l'acheter par quelques démarches ; la certitude d'arriver au but désiré était donc le seul motif qui pût engager Charles dans cette intrigue.

Cette première visite se borna à quelques civilités de part et d'autre, mais celle du lendemain fut plus favorable à Charles, en ce qu'il trouva la jeune personne seule : cette circonstance lui parut d'un heureux augure ; Gertrude était d'une gaieté charmante, et ne paraissait nullement troublée de se voir en tête-à-tête avec Charles qui, profitant de ce moment où il était seul avec elle, lui déclara sa passion dans les termes les plus pressans. Ah ! Monsieur, lui répondit notre grisette, comment puis-je croire qu'en si peu de temps vous ayez conçu pour moi l'amour que vous faites paraître ? — C'est le sort de tous ceux qui vous verront de ne pouvoir plus commander à leur cœur. — Mais vous n'y pensez pas, M. Charles, que penseriez-vous de moi si je répondais aussi promptement à votre folle ardeur? — Que vous me rendez justice. — Et vous ririez de moi, vous me tromperiez ?— Jamais. — Si j'étais bien sûre .. La mère de Gertrude, qui rentra en ce moment, empêcha notre jeune homme d'assurer davantage sa belle de son inviolable fidélité, et, par, consequent de jouir du bonheur que lui promettaient les mots : si j'étais bien sûre !....

L'occasion que venait de faire perdre à Charles le retour trop précipité de la mère de Gertrude ne tarda pas à se recouvrer. Il faut observer que notre jeune fille et sa mère, suivant le plan qu'elles s'étaient proposé, avaient prétexté une sortie pour le jeudi soir, afin que Charles ne vînt pas ce jour là, et qu'il ne se rencontrât pas avec M. Richard ; mais leur précaution devint inutile en ce que ce dernier, à qui des affaires urgentes étaient survenues ce jour-là, ne vint pas. Elles n'eurent donc ni sa visite ni celle de Charles, qui vint le lendemain et eut encore le bonheur de trouver Gertrude seule. Plus heureux que la première fois, il sut mettre les instans à profit ; et la grisette que l'intérêt seul, comme nous l'avons déjà dit, guidait dans son penchant pour Charles ne se montra pas cruelle : son jeune amant reçut de sa bouche l'aveu charmant d'un doux retour. De l'assurance on passa aux preuves, on se disposait à les rendre complètes lorsque trois légers coups frappés à la porte avertirent Gertrude de l'arrivée de M. Richard. Elle répare à la hâte son désordre, et rouge encore de plaisir, elle ouvre la porte; M. Richard paraît surpris de la trouver seule avec un jeune homme; il regarde Charles de côté: celui-ci, qui vit de suite dans quelle espèce d'affaire il se trouvait engagé, sentit que sa présence devenait en ce moment tout-à-fait inutile; il fit à M. Richard un léger salut, et sortit en lançant un régard de reproche à Gertrude. A peine fut-il sorti, que M. Richard se répandit en questions sur lui. C'est mon cousin, répondit aussitôt notre grisette, se remettant peu-à-peu du trouble qu'avait occasioné chez elle l'arrivée imprévue de l'homme aux deux voies de bois. — Ah! c'est votre cousin! et vient-il souvent ce cousin-là? — Quelquefois. — C'est que je n'aime pas les cousins. — Comment, M. Richard, vous craindriez...? — Je ne crains rien; mais, si vous avez quelques égards pour moi, je ne le reverrai plus ici, vous m'entendez? — Oui, Monsieur.

— C'est que si je l'y retrouvais encore, nous ne serions pas cousins ensemble, je vous en avertis. — Cela suffit, Monsieur, mais vous me permettrez de vous dire que vous voyez les choses... ? — En mal, c'est possible; mais qui m'assurera que ce jeune homme n'empiète pas sur mes droits? — Moi, je n'ai rien avec lui, et c'est affreux ce que vous dites là, Monsieur; et un torrent de larmes que Gertrude, comme toutes les grisettes, savait répandre à propos vint inonder ses joues. Oui, Monsieur, répéta-t-elle, c'est affreux; et, si c'est pour me faire sentir la dépendance dans laquelle vous me mettez, vous pouvez reprendre votre pain de sucre, vos trois paquets de chandelles et vos deux voies de bois; vous pouvez les reprendre, je vous croyais plus de délicatesse. — Eh! bon dieu, comme vous prenez la chose, repliqua M. Richard, qui craignait que sa brusquerie ne lui fît perdre effectivement le prix qu'il attendait de ses dons: peut-on vous voir sans vous aimer, et vous aimer sans être jaloux? — La jalousie est une marque de mésestime : ce pauvre jeune homme! nous sommes ensemble comme frère et sœur ; et quand il m'aimerait, est-ce que je peux empêcher qu'on m'aime ?.... M. Richard, qui n'avait rien à répliquer à cela, avoua ses torts, demanda et obtint son pardon ; enfin il s'y prit si bien, que notre grisette, loin de lui rendre ses deux voies de bois, comme elle l'en avait menacé, les lui paya au contraire fort généreusement dès la même soirée.

Gertrude rendit compte à sa mère, sitôt qu'elle rentra, de ce qui s'était passé pendant son absence, bien entendu qu'elle passa sous silence les faveurs qu'elle avait accordées tour-à-tour aux deux concurrens, ne parlant que de la rencontre inopinée de M. Richard avec M. Charles, et de la *scène* que le premier lui avait faite à ce sujet. La mère, qui avait pour principes qu'un bon tiens vaut mieux que deux tu l'auras, et à qui la générosité de M. Richard était connue, tandis que celle de Charles était encore un doute pour elle, jugea à propos de rompre avec lui, afin d'éviter que de semblables scènes se renouvellassent désormais, et ne la privassent des bontés *du galant homme*, dénomination sous laquelle elle désignait M. Richard. En conséquence de cette résolution, elle adressa le jour suivant à Charles la lettre suivante :

MONSIEUR,

L'honnêteté dont vous avez toujours fait preuve envers nous depuis le jour heureux où nous avons eu celui de vous rencontrer, nous fait regretter vivement de ne pouvoir davantage admettre vos visites, vu qu'elles ne conviennent pas au parent respectable que vous avez vu venir hier soir. Comme nous lui avons des obligations qui nous forcent de le ménager, vous voudrez bien, en consé-quence de la présente, cesser toute réla-tion avec ma fille et moi, ce dont je suis extrêmement peinée, étant votre dévouée servante, etc.

Charles, qui vit clairement de quelle

nature étaient les obligations que l'on avait au *parent respectable*, et qui, même avant la réception de cette lettre, s'était déjà proposé de ne plus revoir Gertrude, ne fut que faiblement surpris de cette épître, et se consola de sa disgrâce en chantant :

Nos amours ont duré toute une semaine, etc.

———

CHAPITRE VIII.

QUARTIER DE L'ODÉON.

BROCHEUSES, SATINEUSES ET RELIEUSES.

Ces trois professions, quoique diffé-
rentes, se rapportant à une seule bran-
che de commerce, la librairie ; nous
les confondrons ensemble dans ce chapitre, d'autant plus que cette diversité d'états n'empêche pas que ces dames n'aient le même genre, les mêmes
mœurs et les mêmes coutumes.

Considérées comme grisettes , elles
se divisent en deux classes, que nous
désignerons sous les noms de commune
et distinguée.

Celles de ces dames, qui sont de la
classe commune, se rendent le diman-

che assez généralement, chez Gradot à la barrière du Mont-Parnasse ; c'est là qu'elles donnent un libre essor à leur passion pour l'intrigue, et mettent en œuvre leurs moyens de séduction, s'attachant assez communément à les diriger contre le cœur de quelque militaire ou de quelque bon gendarme; et, dans ce dernier cas, l'on doit supposer qu'elles sont bien habiles dans l'art de manier les armes de la séduction, puisqu'elles parviennent quelquefois à entamer ces cœurs à double et triple cuirasse.

Parmi elles on distingue : 1°. Victoire, surnommée *Tape-à-l'œil* pour la trivialité de son genre ; cette demoiselle

> Des armes de la nature
> Se sert en vrai faubourien ;

c'est-à-dire, qu'elle s'*alignera*, d'après son expression, avec l'homme le plus robuste; elle se bat pour un rien. Chien hargneux a toujours l'oreille déchirée: mademoiselle Victoire justifie ce vers du bon Lafontaine; et, il est rare de la voir l'œil dégagé de quelque *pochure*, ce qui lui a fait donner le nom trivial que nous avons mentionné ci-derrière. Tout cela n'empêche pas qu'elle n'attire sur ses pas nombre d'adorateurs, ayant certaines grâces qui séduisent ceux qui ne la connaissent pas.

2°. Clémentine, dite *Rosa*, jadis femme publique, ayant renoncé à son ancienne profession dont elle a conservé beaucoup d'us et coutumes. Si nous voulions faire un article biographique sur cette demoiselle, nous dirions qu'elle est âgée de vingt-trois ans environ; que, dès l'âge le plus tendre, elle montra un goût décidé pour la dépravation; qu'à neuf ans, ce goût se laissait pressentir, et qu'à douze, elle trompait déjà la surveillance de ses parens, qui la croyaient tranquillement couchée, tandis qu'elle courait les bals. Mais, comme ce recueil n'est pas une biographie, nous nous garderons bien de parler de ces choses-là.

3°. Julie *Poussier-de-motte*, surnommée plus trivialement encore *Haricot-de-Soissons* ; son genre équivaut à ces deux sobriquets.

4°. Julie-la-Rouge. 5°. Sophie-la-Noire ; ces deux demoiselles ne laissent également rien à désirer pour la trivialité du genre.

En général, les brocheuses, relieuses et satineuses, composant la classe commune, sont de l'abord le plus facile ; et, l'on peut tenter leur conquête sans se mettre beaucoup en frais. Les compagnons imprimeurs sont aussi favorisés par ces dames, et elles les aiment presqu'autant que les militaires et les gendarmes.

Parlons maintenant de la classe distinguée, et disons que l'on rencontre le plus fréquemment celles qui la composent chez Longuet et chez Tonnellier, barrière du Maine, ainsi qu'à la Chaumière le dimanche ; et, le lundi (car ces dames de l'une et de l'autre classe ne travaillent pas ce jour-là), le lundi, elles vont au théâtre de Bobinot, dont elles affectionnent beaucoup

le spectacle ét davantage encore les acteurs, à ce qu'on nous a assuré. On
nous a même cité tel ou tel acteur de
ce théâtre, qui, sur le catalogue des
beautés dont il avait obtenu les faveurs,
a inscrit le nom de plus d'une brocheuse. Nous ne garantissons pas l'authenti-
cité de ce rapport, le monde est quelquefois si méchant! N'a-t-on pas poussé
la méchanceté jusqu'à nous citer certaine brocheuse, qui avait eu pour
amans à tour de rôle, depuis le premier acteur de ce théâtre jusqu'au
moindre comparse? Quelle indignité!!!

Ne croyez pas pourtant, MM. les
artistes du théâtre Forain du Luxembourg, que, seuls, vous soyez admis à
jouir des faveurs de ces dames; non,
elles ont soin de vous donner pour ad-
joints MM. les commis-libraires, dont
la galanterie est connue dans les quatre
parties du monde, et ailleurs!...

Nous citerons, comme faisant partie
de la classe distinguée:

1°. Anna, qui croit racheter la beauté qui lui manque par sa coquetterie et l'emploi du rouge végétal ;

2°. Julie *la Belle main*, demi-vertu, jolie femme, s'attirant nombre d'adorateurs par la gentillesse de ses manières, et par son genre approchant presque du bon ton ;

3°. Victoire, surnommée *la Giraffe*, grande et sèche beauté, cachant la médiocrité de son état sous l'éclat de la toilette, et ne se rendant à son atelier, l'hiver, sans être enveloppée d'un manteau assez cossu pour induire en erreur ceux qui la suivent et qui, pensant faire la conquête de quelque dame de condition, ne soupçonnent pas, sous ce vain étalage... une brocheuse ;

4°. Susanne, l'effrontée ; elle doit ce sobriquet à la hardiesse de son regard : du reste, fraîche et jolie, elle n'ignore pas ses avantages, et consulte cent fois par jour sa glace pour avoir le plaisir de s'admirer. Cette manie a donné lieu à une aventure qui, si elle dépose contre le ridicule et la vanité de mademoiselle Susanne, prouve aussi que la galanterie n'habite pas toujours chez les artistes.

Précisément en face l'atelier de brocheuses où travaillait mademoiselle Susanne, restait un jeune peintre qui s'avisa un jour de croquer la plupart de ces dames; quand ce vint au tour de Susanne, il la dessina faisant face à une glace, selon sa louable coutume, que notre jeune homme avait eu occasion de remarquer fort souvent; elle était représentée frisant ses papillottes. Mais quel fut son étonnement en examinant de près ce croquis! elle s'aperçut que l'artiste avait dessiné une dinde, costumée en femme, et arrangeant ses cheveux avec sa patte. L'idée était plaisante, sans doute; mais je doute qu'elle dût attirer au dessinateur les bonnes grâces de mademoiselle Susanne.

Comme nous l'avons déjà dit, les brocheuses en général ont un penchant pour tout ce qui tient à la galanterie; elles ne craignent pas de se voir surchargées du fardeau amoureux; elles savent qu'il existe à Paris une maison de dépôt pour ces sortes de fardeaux, et elles ont soin d'y déposer ceux qu'elles doivent à la libéralité de leurs nombreux amans, le tout pour s'en charger sur nouveaux frais.

Amateurs de l'économie en amour, vous qui regrettez les fortes dépenses en temps et en argent, je vous recommande les brocheuses, satineuses et relieuses; c'est chez elles que l'on peut rencontrer les plaisirs de tout genre, et cela à peu de frais!!!

~~~~~~

CHAPITRE IX.

QUARTIER DE LA HALLE-AU-BLÉ.

—————

CULOTIÈRES.

Que dirons-nous de ces demoiselles? beaucoup de personnes regardent leur état comme une trivialité; nous ne sommes pas de cet avis. L'état de culottière est un état comme un autre : et pourquoi n'y aurait-il pas des femmes qui auraient une vocation décidée pour ce genre de travail ? Les culottières ont pour la plupart le renom d'être fort amoureuses ; cela n'est pas étonnant. Quand on aime à faire des culottes, on doit nécessairement aimer ceux qui en portent ; mais elles aiment aussi ceux qui portent pantalon.—Ah ! dans ce cas, demandez-leur la raison du pourquoi ?
~~~~~~

C'est dans les rues voisines de la Halle-au-Blé que restent la plupart des culottières; et, quoiqu'elles soient à la proximité des forts de la Halle, ces derniers se donnent quelquefois des culottes sans couture (*), et où ces dames par conséquent ne sont pour rien dans la façon.

On a remarqué que les culottières en général étaient très-ardentes.... au travail; on a remarqué aussi qu'elles avaient la superstition de croire à la fin du monde; mais, par un raisonnement qui me paraît assez juste, elles prouvent à qui veut l'entendre, que le monde ne peut finir qu'avec l'espèce humaine. Pénétrées de cette maxime, elles travaillent autant qu'elles peuvent à reculer cette catastrophe; et, si les générations s'éteignent quelque jour, ce ne sera pas leur faute. L'hospice de la Maternité est là pour le dire.

Une de ces dames avait pour amant

____

(*) Se donner une culotte, expression populaire et triviale, pour signifier que l'on s'enivre, se prend de vin.

un jeune homme, commis-tailleur, nommé Jules, qui l'aimait beaucoup; mais la dépendance dans laquelle il était tenu par ses parens ne lui permettait pas de la voir aussi souvent qu'il l'aurait voulu; il n'osait même pas l'avouer hautement pour sa maîtresse, dans la crainte de se voir en butte aux reproches qu'on n'aurait pas manqué de lui faire, de s'être lié d'amitié avec une personne sur le compte de laquelle couraient les bruits les plus scandaleux, et dont les mœurs étaient au moins suspectes.

On représente l'amour avec un bandeau sur les yeux : s'il est aveugle, on doit penser qu'il joint à cette infirmité celle d'être sourd. En effet, reportez à un amant telle ou telle action de sa maîtresse, qui ne cadre pas avec la bienséance et la retenue dont le sexe est susceptible, il traitera votre rapport de calomnie, parce que d'un objet aimé on se dissimule facilement les défauts: c'est ce que faisait notre jeune homme; en vain entendait-il journellement le chorus du blâme s'élever contre sa maitresse, il ne l'en aimait pas moins ; il agissait de la meilleure foi du monde envers elle , jusqu'à payer les mois de nourrice d'un enfant que les voisines de la dame attestaient avoir plusieurs pères : ce qui était assez probable, puis qu'à ma connaissance, j'en sais un qui aurait pu certainement partager avec le crédule jeune homme les honneurs de la-paternité.

Celui dont je veux parler était un jeune libraire qui, la nuit, partageait la pudique couche de notre culottière ; tandis que l'amant, retenu par ses parens , et ne pouvant jouir des charmes de sa maîtresse à une heure indue, s'endormait paisiblement, rêvait à sa belle, et se réveillait tenant entre ses bras.... son traversin ; simulacre mensonger d'un objet plus mensonger encore. Il ne pensait pas que, dans cet instant à-la-fois délicieux et pénible, ce qui chez lui était illusion était réalité pour sa maîtresse.

Notre nymphe conduisait sa barque avec tant d'art, qu'elle cachait à son amant jusqu'à la trace de ses débordemens ; elle lui faisait toujours l'accueil le plus tendre, l'accablait de ses caresses perfides, et jouait enfin la sincérité à s'y méprendre à un tel point, que son amant ne doutait pas qu'il ne fût uniquement adoré. Un jour pourtant qu'il se trouvait chez elle, le pot aux roses faillit se découvrir; le facteur apportait une lettre à la demoiselle, Jules s'en saisit; mais, avant qu'il ne l'ait décachetée, elle la lui arrache des mains.— Quelle est cette lettre, demande Jules? qui peut t'écrire? — Ça ne te regarde pas. — C'est différent! eh bien! je prétends voir cette lettre. — Tu ne la verras pas; et elle tenait la lettre derrière elle. —Oh! cache-la tant que tu voudras, je l'aurai si je veux. — C'est-à-dire si je veux. — Ah! je ne l'aurai pas. — Certainement que non, je n'y mets pas d'importance, je sais de qui elle est; mais il suffit qu'elle te porte ombrage pour que je m'obstine à ne pas te la donner: on a de la confiance ou on n'en a pas. — Si tu ne craignais rien, tu me la donnerais. — Je ne crains rien; mais si tu persistes. —Eh bien! —Tiens, maudit jaloux, dit avec une feinte colère, en jettant la lettre au feu où elle fut bientôt consumée, tu ne l'auras pas. Notre rusée avait reconnu l'écriture du libraire, et préférait ignorer le contenu de l'épître plutôt que de s'exposer à voir son intrigue dévoilée devant celui à qui elle avait tant d'intérêt de la cacher. Jules était demeuré interdit, pâle et tremblant de colère; irrésolu s'il devait ou non appliquer un soufflet à celle qui venait ainsi de le braver, il préféra se retirer; en conséquence il prit son chapeau et s'éloigna vivement.

Cette circonstance éveilla les soupçons de Jules, il résolut de ne plus revoir sa maîtresse; mais un tel effort était au-dessus de ses forces, il l'aimait trop et il n'eut pas le courage de s'abstenir d'y retourner le lendemain soir; mais il l'aborda froidement, elle, de son côté, n'eut pas l'air de se souvenir de ce qui s'était passé la veille; et, comme il s'était jeté nonchalamment sur une chaise et ne parlait pas :—Eh ! bon dieu, Jules, qu'as-tu donc ? lui dit-elle: quel air sombre ? tu n'es pas gentil ce soir. — C'est possible. — Est-ce que tu penserais encore à cette plaisanterie d'hier ? — Plaisanterie tant que tu voudras ; et le moyen de ne pas y penser ? — Tout cela ne serait pas arrivé si tu n'avais pas montré de la méfiance ; je veux bien être assez bonne pour te dire aujourd'hui ce que c'était que cette lettre que je m'attendais à recevoir ? — Je n'en doute pas. — C'était tout bonnement une lettre d'une maison où j'ai été demander de l'ouvrage l'autre jour, et qui n'en ayant pas à me donner pour l'instant devait m'écrire dès qu'il y en aurait : tu vois que j'en ai été chercher ce matin. La fable n'était pas maladroite et tout autre en aurait été dupe ; mais Jules était trop fortement prévenu contre elle pour revenir si facilement : aussi garda-t-il le silence, en continuant de lui tourner le dos. Eh bien ! est-tu encore fâché ? dit-elle en minaudant. — Oui, parce que tu as eu tort de ne pas me la montrer.— Eh bien ! tiens, ne crie plus, lui dit-elle en joignant les pouces ; tu vois que je te demande pardon : mais tout ce qu'elle put dire et faire ne tira point Jules de son apathie, il ne tarda même pas à prendre congé d'elle, la contrainte lui pesait. — Comment, Jules, tu t'ennuies avec moi ? — Non, mais il faut que je m'en aille. — Reste encore un peu, je te chanterai quelque chose, ma romance par exemple : comme c'est amusant ! Mais le plaisir même d'entendre la charmante romance ne put décider Jules à rester ; il partit malgré les instances de sa nymphe qui voulut en vain le retenir.

Comme je l'ai déjà dit, la circonstance de la lettre avait éveillé le soupçon dans l'âme de Jules ; il ne tarda pas à prêter l'oreille aux bruits défavorables qui couraient sur notre culottière. Il avait entendu dire, quelquefois, qu'au lieu d'aller travailler à sa boutique, elle passait des demi-journées en partie avec quelque galant ; ces bruits, que jusque-là il aurait regardé comme injurieux d'approfondir, lui parurent alors mériter quelqu'attention. Il résolut d'épier la conduite de celle qui, peut-être, se jouait de lui, tout en saignant sa bourse, et, le lendemain soir même, il fut l'attendre à la sortie du magasin où elle travaillait; elle sortait tous les soirs à huit heures, il le savait; cependant, il est là depuis sept heures, il en est neuf et elle n'a pas paru. Il a vu sortir pourtant la plupart de ses compagnes; impatienté, il se décide à entrer et à la demander; à sa grande surprise, on lui répond qu'elle n'est pas venue ce jour-là. Il vole à la hâte chez elle, craignant qu'elle ne fût malade, il arrive, frappe, elle ouvre, elle est à demi-déshabillée. J'allais me coucher, lui dit-elle. — Ah! tu es donc bien fatiguée, dit Jules, qui avait remarqué que la robe qu'elle venait de quitter était sa robe de toilette. — Oui, la culotte que j'ai faite aujourd'hui était d'une peau si dure. — Ah! tu me monteras des couleurs, lui dit Jules hors de lui, et, saisissant un jonc à battre les habits qui se trouva sous sa main : tiens, impudente, tu ne me joueras plus désormais. Après cette correction, il sortit;

et, guéri pour l'avenir de l'amour qu'il avait pour elle, il continua de veiller aux besoins de l'enfant, mais ne voulut plus avoir aucune relation avec celle qui l'avait si indignement trompé.

———

CHAPITRE X.

QUARTIERS DIVERS.

———

CUISINIÈRES, BONNES D'ENFANS, SERVANTES D'AUBERGE.

Le genre de grisettes que nous allons passer en revue n'ayant pas de quartier fixe, nous avons mis, en tête de ce chapitre, *quartiers divers*. La pièce donnée au théâtre des Variétés, sous le titre *des Cuisinières*, offre une peinture si fidèle des mœurs de ces nouvelles grisettes, que nous ne nous étendrons que faiblement sur ce sujet, et seulement pour donner une idée de la vertu de ces dames à ceux qui n'auraient pas vu la pièce, dans laquelle l'immortel Odry a mis le sceau à sa réputation littéraire, en y intercalant son fameux canon *des*

Cuisinières, qui commence par ces vers brillans :

Guernadier, que tu m'affliges,
En m'apprenant ton départ ! etc.

Ces deux vers apprennent déjà au lecteur, sans que j'aie besoin de le lui dire, que, comme nos blanchisseuses, nos cuisinières ont une prédilection marquée pour les militaires ; mais, nonobstant cette prédilection, elles ont encore un goût décidé pour le compagnonage ; et il est rare qu'une cuisinière, lorsqu'elle connaît un compagnon serrurier, ou de quelqu'autre état, ne puisse vous donner des renseignemens sur tous les autres compagnons du même état qui sont sur le tour de France ; et elle vous dira, à point nommé, où se trouvent en ce moment, le Bérichon, l'Angevin, l'Orléanais, l'Aventure, Fleur-d'Amour, etc., etc.

La fidélité n'est pas la vertu favorite des cuisinières, rarement elles ont un seul amant: s'il est du civil, il a droit à leurs faveurs, voilà tout. Ce n'est qu'envers les militaires qu'elles sont libérales, très-libérales même, et cela ..... aux dépens des maîtres qu'elles servent; c'est de là que vient l'expression triviale dont se servent les soldats entr'eux, lorsqu'ils disent : *vas trouver ta cuisinière , elle te repassera une carotte par le trou du lavier;* et, par ce mot, ils entendent l'argent qu'ils empruntent à fonds perdu de leurs belles, pour aller ensuite se divertir à la cantine et boire avec quelqu'autre beauté moins généreuse , à la santé de la complaisante bailleuse de fonds , qui subtilise ses maîtres, dont l'économie est traitée par elle d'avarice , qui répète à qui veut l'entendre, que ses maîtres sont cancres, à qui il faut un amant, à quelque prix que ce soit, et qui, au définitif, n'est pas difficile dans son choix. L'amour, voilà l'élément des cuisinières ; et elles savent *l'assaisonner* par tout ce que le plaisir et la volupté offrent de plus piquant.

Après les cuisinières , les bonnes

d'enfans viennent naturellement s'offrir à nos pinceaux : essayons d'esquisser les principaux traits de cette classe de grisettes, qui n'est pas la moins dépravée.

Les jardins du Palais-Royal, des Tuileries, du Luxembourg, offrent, pendant une partie du jour, le rassemblement de ces beautés dont la mise innocente et l'air ingénu attirent nos jeunes étourdis sur leurs pas; et, tandis que les enfans s'amusent à sauter à la corde, ou à faire rouler leur cerceau dans les jambes des passans, leur intéressante bonne, assise côte à côte avec un petit jeune homme ambré et musqué, écoute ses fleurettes et la proposition qu'il lui fait de la retirer d'un état servile qui n'est pas fait pour elle; une aussi jolie fille doit commander et non pas obéir : c'est aussi où tend l'ambition de la jolie fille, qui ne demande pas mieux que de troquer son tablier contre un cachemire. On a vu des jeunes gens de bonne famille poursuivre de pareilles conquêtes, et pousser la folie jusqu'à tenir ce qu'ils promettaient, c'est-à-dire, mettre ces femmes dans leurs meubles. Ils ne tardaient pas à s'en repentir : celle qu'ils avaient retirée de la servitude ne mettait bientôt plus de bornes à son ambition et à ses désirs effrénés ; elle ruinait la bourse et le tempérament du jeune écervelé à qui elle devait ce qu'elle était, et finissait par lui donner de nombreux concurrens, vu que, seul, il ne pouvait plus suffire à *ses besoins*.

Les bonnes d'enfans sont bien souvent aussi la cause de la désunion des époux ; avec un maintien timide et composé, elles se présentent pour entrer en condition ; la dame du lieu, à qui la jolie figure de la suppliante inspire bien quelques craintes, il est vrai, se rassure pourtant en voyant la modestie qui semble animer son moindre geste ; elle l'admet à son service, mais surtout, lui dit-elle, soyez sage.— Ah ! madame, répond celle-ci, j'espère bien que vous n'aurez jamais à vous plaindre de moi. — Je le pense aussi, et en disant cela, l'épouse, à demi-inquiète, jette un regard sur son mari, qui n'a pas l'air de remarquer la nouvelle arrivante, mais qui pourtant se dit intérieurement qu'elle est jolie ! On installe Louise dans ses fonctions, on lui commet la garde des enfans. Pendant quelque temps elle observe la même réserve, mais son regard est si vif quand il s'arrête sur monsieur, lorsque madame est absente surtout, elle embrasse de si bon cœur Adolphe, qui est tout-à-fait le portrait de son père, à ce qu'elle a soin de dire à celui-ci, que le pauvre époux ne résiste que faiblement à ce genre de séduction, et passe bientôt du ton du commandement à celui de la familiarité avec Louise, qui, pour l'enlacer davantage, s'oppose d'abord à tout ce qu'il veut entreprendre. Finissez, monsieur, où je me fâche, lui dit-elle quand il devient un peu trop pressant : pas de gestes, ajoute-t-elle, en faisant mine de vouloir lui donner un soufflet, quand il veut l'embrasser. Et ces scènes se renouvellent si souvent, qu'à la fin, Louise cesse d'être aussi farouche, et n'oppose plus d'autre défense aux attaques réitérées de mon-

sieur, que ces mots pronocés faiblement : ah ! si madame nous voyait !
Comme elle sait bien que madame ne
peut pas les voir, elle usurpe, dans les
bras de son maître, la place que la con-
fiante épouse, qui l'a reçue chez elle,
devrait seule occuper.

De là une source de division par mi les
deux époux. Madame, qui s'aperçoit que
monsieur la néglige, ne tarde pas à sur-
prendre quelques signes d'intelligence
entre son coupable époux et sa perfide
domestique ; elle est loin cependant, de
soupçonner ce qui s'est déjà passé ; mais
pour se mettre à l'abri de l'ingratitude
de Louise, elle cherche quelque prétexte
pour la renvoyer. Son époux achève de
l'éclairer sur la nature de ses relations
avec l'artificieuse bonne, en prenant avec
chaleur le parti de cette dernière ; il
accuse sa femme de caprice, et l'épouse
trompée se voit réduite au silence, et
forcée de souffrir sa rivale jusqu'à ce
qu'enfin la taille de celle-ci, en s'ar-
rondissant devient un témoin irrécusa-
ble de son incontinence. L'époux que le

soin de sa propre réputation force alors d'éloigner Louise , trouve les plaintes de sa femme contre elle fondées ; et celle qui avait reçu dans cette maison l'accueil le plus gracieux, en est chassée honteusement et entend, pour tout adieu, ces mots que lui adresse sa maîtresse : Sortez d'ici , libertine. Ces aventures scandaleuses se répètent journellement dans Paris.

Les Boulevards neuf sont aussi un point de réunion pour les bonnes d'enfans qui y font des connaissances honnêtes dans le militaire ; elles y rencontrent souvent des *pays*. Combien de pauvres soldats s'en vont, après un certain temps qu'ils ont fréquenté ces grisettes, grossir l'ambulance en répétant douloureusement : *je n' m'ai pas assez méfié de la payse !*

Passons maintenant à une troisième classe de ces grisettes domestiques ; je veux parler des servantes d'auberge : la quantité et la variété de monde qu'elles voient journellement les mettent à même de se livrer à leur instinct pour tout ce qui a rapport aux ntrigues amoureuses. Lorsque parfois

telle ou telle servante d'auberge ren-
verse maladroitement sur vous le potage qu'elle vous apporte, vous ne pouvez vous fâcher ; c'est que, tout oc-
cupée à vous considérer, elle n'a pas vu
qu'elle le posait à faux sur la table ; elle
vous fait ses excuses, et son regard est
si expressif, que, si vous n'étiez entouré
de tant de témoins, vous lui demande-
riez pardon de sa propre maladresse.
Tout ce petit manége n'était pourtant que
pour attirer votre attention sur sa jolie
figure ; et, si elle paie l'attention que vous
mettez alors à l'examiner par un sourire, c'est uniquement dans l'intérêt de
ses maîtres, parce qu'il faut bien acha-
lander la maison. Débitez-lui quelques-
uns de ces lieux communs que l'on em-
ploie auprès des femmes, elle vous ré-
pondra : vous êtes bien bon de vous occuper d'une pauvre fille comme moi ;
persistez, et elle finira par vous dire
qu'elle n'est pas assez libre pour faire
une connaissance ; qu'elle ne sort qu'une
fois par quinzaine, que le dimanche suivant est son jour de sortie. Si vous n'êtes

pas trop sot, vous comprendrez; et le jour de sortie, si vous savez en profiter, vous donnera l'entrée de son cœur.

C'est surtout pour les vieux célibataires qui se font servir chez eux que ces demoiselles sont fort avenantes ; car, outre qu'elles reçoivent souvent *la pièce*, elles sont en butte à mille cajoleries de la part de ces vieux garçons, qui justifient bien le proverbe : à vieux renard jeune poulette, et elles se prêtent.... à leurs plaisanteries avec une grâce charmante, parce qu'elles savent que c'est par la politesse et la complaisance que plus d'une jeune fille a passé du fond d'une cuisine dans de brillans appartemens; il ne faut qu'une jolie figure et quelque condescendance pour les caprices d'un vieux célibataire pour opérer cette étonnante métamorphose; oui, elles savent cela et agissent en conséquence.

Lecteur, si vous êtes jaloux, si vous tenez à posséder votre maîtresse uniquement, ne contractez jamais un engagement sérieux avec quelque servante d'auberge; elle paierait votre fidélité par l'inconstance : cette inconstance ne serait peut-être pas le type de son caractère; mais songez à combien de dangers son innocence est exposée en allant journellement porter en ville. Si elle a vraiment un fonds de vertu, elle résistera quelque temps, bien long-temps peut-être aux offres séduisantes qui lui promettront le plaisir et la volupté; mais rappelez-vous bien que la forteresse la mieux défendue ne résiste pas contre des attaques toujours réitérées, et que telle femme, qui est sortie victorieuse de cent attaques dirigées contre sa vertu, succombe à la cent-unième.

CHAPITRE XI.

QUARTIERS DIVERS.

—

ARTICLE SECOND.

ECAILLÈRES.

Encore un chapitre sous le titre de *Quartiers divers*, et cela parce qu'il est consacré à ces fraîches écaillères que l'on voit dans tous les quartiers de Paris à la porte des restaurateurs et des cabaretiers.

Plusieurs et même beaucoup de nos écaillères sont remarquables par leur beauté, leur embonpoint et leur fraîcheur; elles relèvent encore ces avantages par une mise d'une élégante simplicité. Quoi de plus simple, en effet, que le bonnet, la robe de cotonade ou de toile de Jouy, et le tablier blanc ! mais quoi de plus élégant en même temps que la richesse de ces mêmes vêtemens ! Ces bonnets, d'abord en maline ou valencienne, et pour le prix duquel on aurait maint chapeaux comme ceux que portent quelquefois nos grisettes les plus élégantes , un tablier plissé artistement et dont la finesse égale la blancheur, et à la ceinture duquel est adaptée une énorme agraffe servant de support au couteau à écailler. La blancheur de leur cou et de leur poitrine, réhaussés par l'eclat d'une chaîne d'or, dont les rangs entremêlés ne permettent pas à l'œil de les compter, et dont la saillie se termine ordinairement par un grand médaillon recélant le portrait de rigueur; des boucles d'oreilles de grande dimension, richement ciselées; les doigts garnis de bagues, quelquefois d'un très-grand prix : telles sont la plupart des écaillères, à qui les aventures galantes sont assez familières pour mériter une petite place dans la classe des grisettes, et par conséquent dans notre livre.

La gentillesse de ses dames leur attire

de nombreux adorateurs, de toutes les classes et de tous les genres : se fait-il, par exemple, dans quelque restaurant un déjeûner de garçons, l'écaillère est appelée ; et, tandis qu'avec grâce elle ouvre ses huîtres, ces messieurs paient à l'envi, à sa beauté, le tribut de leur admiration. Lutinée de droite et de gauche, elle sort rarement de la salle sans que *sa pudeur* ait reçu quelqu'échec ; si celui qui la serre un peu de près ne lui convient pas, elle paie sa hardiesse d'un soufflet ; dans le cas contraire, un coup-d'œil lui suffit pour se faire comprendre, et une simple agacerie devient pour l'heureux mortel qui a osé la faire, le signal d'un bonheur plus complet, dont la belle écaillère lui fournit au plutôt l'occasion de jouir. Comme ces dames ont naturellement bon cœur, elles se plaisent à faire le plus d'heureux qu'elles peuvent. Ces infidélités passagères sont autant de *traits* qu'elles font (pour me servir de leur expression) à leurs amans en titre, qui sont ordinairement quelques forts de halle, ou cochers de fiacre, et qui, lorsqu'elles s'émancipen un peu trop, leur donnent de temps en temps une petite correction amicale : c'est ce qui arriva à une de ces dames, dans un cabaret du faubourg St.-Germain où je me trouvais. Ecaillère stationnaire à la porte du cabaret, elle se trouvait alors dans l'intérieur, assise à table avec un petit jeune homme qui avait l'air d'assez bon ton ; ils paraissaient être intimement liés, et tous deux, à l'envi l'un de l'autre, sans avoir l'air de faire attention aux autres personnes qui se trouvaient dans la salle, disaient et faisaient mainte folie ; quand tout-à-coup un cabriolet s'arrêta devant la porte du cabaret.—Ah mon dieu ! dit Joséphine ! (J'avais entendu le jeune homme nommer ainsi l'écaillère) ; ah mon dieu ! c'est Baptiste ! Il faut *filer*, qu'il ne t'aperçoive pas ! Le jeune homme, qui apparemment savait ce que c'était que Baptiste, ne se le fit pas dire deux fois ; et prenant son chapeau (il paraît que pour plus de sûreté, l'écot était payé d'avance, ou bien même était-ce la belle écaillère qui régalait) ; prenant son chapeau, dis-je, il disparut en un clin-d'œil, mais pas assez vivement, pourtant, pour que Baptiste ne le reconnût pas en passant à côté de lui. Qu'est-ce que c'est donc que ce Gringalet-là? dit-il à Joséphine qui s'avançait au-devant lui, c'était encore le blondin. Eh bien! que je l'y retrouve, est-ce que je ne t'ai pas défendu de le revoir?—Tiens, monsieur j' défends, eh bien! quand ça le serait le Blondin, est-ce que c'est pas un homme comme un autre? je ne peux pas l'empêcher de m'offrir un verre de vin, cet'homme.—Non, mais tu peux t'empêcher de l'accepter. — Voyez-vous ça Eh bien! pourquoi donc que je refuserais le bien que l'on veut me faire.—Parce que ça ne me convient pas que tu boives avec lui. — Attends, j'irai chercher ta permission et puis celle du Préfet de police, chaque fois que ça me conviendra. — Allons, pas tant de raisons, je te dis que ça ne me convient pas, et que ça soit fini par là. — Eh bien! moi, je te dis que tu m'embêtes.— Taize-toi. — Je ne veux pas me taire moi.—Taize-toi, je te dis, Fifine, ou j'vas taper sur la tirelire. Toi! je te dis

que tu m'em.......... et un soufflet à
poing fermé qu'elle reçut sur la bouche lui coupa la parole. Furieuse, elle
avait saisi un verre sur le comptoir, et allait le lancer à la figure de Baptiste; mais
celui-ci, le lui arrachant des mains, lui
appliqua encore deux ou trois vigoureux
soufflets, et remontant tranquillement
dans son cabriolet: je n'ai pas le temps
de m'arrêter plus long-temps, dit-il,
mais ce soir je te revaudrai ça; tu es
sûre de la danser, tu sais que je tiens ce
qne je promets; et il s'éloigna rapidement.

A peine fut-il parti, qn'un jeune ca-
poral des sapeurs-pompiers entra dans le
cabaret; il parut être de la connaissance
de Joséphine, qui s'attabla avec lui et
parut oublier bientôt, en trinquant avec
le nouveau venu, la correction qu'elle
venait de recevoir, et celle qui lui était
promise. Pour moi, j'admirais son goût
pour l'intrigue, et sa tranquillité après
la scène dont j'avais été témoin, et je
me dis : voila de la philosophie, ou je
ne m'y connais pas.

Au total, si vous êtes l'amant d'une

écaillère, attendez-vous à avoir de nombreux rivaux ; l'intrigue est l'élément de
ces dames. Sophie, dite la Belle Ecaillère
de la rue de Seine , en est une triste
preuve : ses débordemens la conduisi-
rent à sa perte ; elle mourut de la main
de Montreuil, son amant, qui, dans un
accès de jalousie , lui porta plusieurs
coups de couteau. Ce tragique événement , qui eut lieu en 1821 , est à la
connaissance de tout Paris.

————

CHAPITRE XII.

FAUBOURGS.

Doreuses.—Brunisseuses.—Doreuses sur porcelaine. — Découpeuses de schalls.—Ravaudeuses. — Cotonnières. — Éjarreuses, etc., etc.

Nous sommes enfin parvenus aux derniers gradins descendans de l'amphithéâtre des grisettes, et nous allons parcourir rapidement, pour terminer notre revue, les différens genres qui composent la classe des malheureuses grisettes des faubourgs; je dis malheureuses, parce qu'elles ne peuvent exercer la séduction et essayer le pouvoir de leurs charmes que sur les artisans qui peuplent les divers faubourgs de Paris; et on sent bien que des gens à

qui le travail fournit à peine le néces-
faire pour vivre, ne peuvent faire de
sacrifices au caprice, ni se livrer à l'a-
mour; du moment où cet amour dèvien-
drait onéreux ; ils ne peuvent offrir à
l'objet aimé, et cela le dimanche seulement, d'autre plaisir que celui d'une
petite excursion hors des barrières, pour
aller sabler dans quelque guinguette le
fin litre de vin d'Argenteuil à six sous,
et pincer le rigaudon enchanteur sous
la direction d'un crin-crin aveugle: et
encore cette jouissance n'est-elle per-
mise que quand la semaine a été bonne,
c'est-à-dire quand elle a pu fournir une
certaine quantité de ce qu'on nomme,
en terme des faubourgs, *vaisselle de
poche.*

L'ambition des petites ouvrières s'é-
lèverait plus haut, si elles en trouvaient
l'occasion; elles font même, dans cette
intention, de petites promenades le pa-
nier au bras, après leurs journées ; ces
petites promenades se font en longeant
les boulevards *intrà*, quelquefois *extrà*
muros, suivant la proximité de l'endroit

où elles travaillent ; leurs petits ma-
néges de coquetterie leur réussissent
quelquefois, et elles parviennent d'autant plus facilement à attirer sur leurs
pas quelques adorateurs, que l'air assez
commun qu'elles ont, et qu'elles peuvent rarement déguiser, présage, à celui
qui est frappé de la gentillesse de leur
figure, une conquête facile ; elles ont
pourtant assez l'habitude de répondre
d'abord à celui qui les accosterait et
leur adresserait quelques plaisanteries :
Monsieur, je ne fais pas de connaissance dans la rue. Ce fut la réponse que
j'entendis faire à un homme qui suivait
une jeune fille du genre dont je viens
de parler, un soir que je passais sur le
boulevard Saint-Martin ; mais cet homme, à qui sans doute ce genre de pour-
suites était familier, ne se rebuta point,
il la suivit rue de Bondy : là notre jeune
fille, pour reprendre haleine sans doute,
s'arrêta un moment. Je vis une espèce
de conversation s'établir entre le pour-
suivant et la poursuivie, et bientôt cette
dernière, devenue plus traitable, ac-

cepta le bras officieux du cavalier qui, probablement, lui offrait son appui con-tre les aventures, et s'éloigna avec lui. Je ne pus m'empêcher de dire : Voilà comme elles font toutes. D'après ce que j'avais entendu d'abord, j'aurais cru que cette fille regardait la poursuite de cet homme immoral comme une insulte; et la voilà qui lui parle, et la voilà qui accepte son bras, et... corbleu! fiez-vous donc aux apparences!

Les faubourgs recèlent divers genres d'états; mais tous ces genres ne peuvent être comptés que comme une seule classe de grisettes : tant il y a d'uniformité dans la mise, dans les coutumes et dans les mœurs! Il en est de cela comme des pièces larmoyantes connues sous le titre de *Mélodrames*, et que le boulevard du crime nous offre chaque soir : en voir une, c'est en voir cent; et connaître le genre d'une des grisettes de faubourg, c'est connaître celui de toutes.

Nous nous contenterons donc d'indi-quer au lecteur dans quels lieux les dif-

férens états énoncés en tête de ce chapitre sont répartis.

Le faubourg Saint-Denis est celui qui
recèle, pour l'ordinaire, les doreuses et
brunisseuses;

Celui du Temple, les doreuses sur
porcelaine;

Celui Saint-Martin, les découpeuses
de schalls;

Celui Saint-Marceau, les ravaudeuses;

Celui Saint-Antoine, les cotonnières,
éjarreuses, etc.

Celui Saint-Germain...; celui-là, doucement, c'est le noble faubourg, et il
n'y a que de nobles grisettes qui n'ont
et ne peuvent avoir rien de commun
avec celles que nous mentionnons ici.

Les faubourgs sont en général le rendez-vous des amours de la basse classe; il
existe cependant encore, dans les classes
que nous venons de désigner, quelques
grisettes qui ont la manie de jouer le sentiment; mais les amans dont elles font
choix ne manquent pas de leur faire
perdre bientôt cette manie; comme ce

sont, pour l'ordinaire, des compagnons serruriers, charpentiers, tailleurs de pierres, scieurs de long, etc., et par conséquent tous gens qui n'entendent rien à la galanterie, ils traitent les simagrées et caprices de leurs belles de bêtises. S'avisent-elles de se trouver mal, elles n'ont pas, comme nos petites maitresses, la satisfaction de humer le fin vinaigre des quatre voleurs. Au lieu d'essence, on leur envoie un verre d'eau par la figure, et on leur frappe si lourdement dans les mains, qu'au deuxième coup elles ne demandent pas mieux que de revenir à elles. Sortent-elles avec leurs amans, et s'avisent-elles de leur demander quelquefois où allons-nous? Toujours tout droit, répondent-ils avec leur gentillesse accoutumée. Réïtèrent-elles leur demande, un tu m'embêtes! tu le verras bien! prononcé d'un ton à faire pâlir la plus hardie, leur impose silence. Elles cheminent tristement et se promènent quelquefois le reste de la journée sans desserrer les dents, ce qui ne laisse pas que d'être fort agréable.

Amateurs des amours du bon ton, ne les cherchez pas dans les faubourgs ; et, si vous êtes susceptibles d'être blessés dans votre amour-propre, ne vous adressez jamais à quelque petite grisette de cette classe ; vous vous exposeriez à voir payer le compliment flatteur que vous adresseriez à votre nymphe par une trivialité. Où il n'y a pas d'éducation, il ne peut y avoir d'honnêteté dans les procédés.

CONCLUSION.

Quand nous avons fait passer succes-
sivement sous les yeux de nos lecteurs
les divers genres de grisettes dont fourmille Paris, nous nous attendons à voir
nombre de gens se récrier contre cet ouvrage, et publier partout que nous avons
voulu déverser le mépris sur les personnes exerçant les diverses professions
que nous avons signalées dans ce livre ;
combien pourtant ils auraient tort ceux
qui tireraient une pareille conséquence
de ce recueil, et combien était loin de
nous la pensée de flétrir la réputation
des personnes de telle ou telle profession!
Toutes les ouvrières ne sont pas des grisettes. Le Normand dit qu'il y a de
bonnes gens partout ; nous dirons, nous,
qu'il y a des jeunes personnes vertueuses
dans tous les états, dans toutes les conditions ; et nous nous garderons bien de
les confondre avec ce genre de femmes

que l'on nomme *grisettes*, et qu'une faible ligne de démarcation sépare des prostituées.

Nous ne pouvons cependant nous empêcher de dire que la dépravation est parvenue, de nos jours, à un si haut degré, que, sur cinq jeunes ouvrières, une au plus mériterait de ne pas être mentionnée comme grisette; j'en suis fâché pour ces dames, mais la vérité avant tout!

Si notre livre tombe entre les mains de telle ou telle modiste, fleuriste, couturière, etc., elle criera au scandale, à l'infamie; tant mieux, cela prouvera que pour elles nous avons touché juste, car pour celles dont le cœur est droit, dont les mœurs sont pures, elles ne verront dans nos tableaux qu'une débauche d'esprit, qu'un badinage; elles ne pourront se persuader qu'il existe dans leurs rangs des femmes assez dépravées pour forcer les hommes même à rougir de leurs débordemens, et qui, dans leur folle ivresse, « parent leur déshonneur du nom pom-
» peux d'amour. »

Nous redirons donc, avec un auteur

moderne : « il existe tant de détours dans la conduite des femmes ; elles semblent si fortement portées à tromper, ou du moins à jouer ceux qui se laissent prendre dans leurs filets, que je n'ai pu m'empêcher de dévoiler un peu leurs travers. Je n'ai cependant pas prétendu, et je ne prétends pas dire que toutes soient coupables des défauts que j'ai cités ; loin de moi cette idée : je rougirais de l'avoir, et encore plus de la mettre au jour. Il est des femmes vertueuses ; il en est qui ont des droits incontestables à nos respects et à nos hommages ; mais, malheureusement, on rencontre trop souvent dans le monde, les originaux des portraits que j'ai tracés, et c'est de ces femmes-là seules que j'ai voulu parler.

Telle est aussi notre justification pour l'ouvrage que nous publions ici ; nous y ajouterons, pour la compléter, l'anecdote suivante, et que nous transcrivons, mot pour mot, d'un journal que nous recevons à l'instant même. *

* L'Écho de Paris, 9 septembre 1828.

« Ah ! mon cher ami, disait dernièrement un de nos fashionnables à son ami S***. : tu me vois désespéré.—Pourquoi cela ? — J'ai une partie au bois de Boulogne. — Un duel ? — Non, mais j'ai rendez-vous avec une petite dame, la plus charmante que l'on puisse voir. — Heureux mortel ! — Oui, mais je ne puis y aller, les espèces me gênent. — Un tel rendez-vous est sacré ; tiens, voilà ma bourse.—Ah ! mon ami, quel service ! tu me ferais un sensible plaisir si tu voulais venir avec nous. — Je ne puis, mon ami, des affaires urgentes m'appellent ailleurs, et ne me permettent pas de disposer d'un instant. — En ce cas, adieu, mon ami ! je te remercie toujours du service éminent que tu me rends. Que serait devenu notre fashionnable, si on l'avait pris au mot, et quel aurait été le désappointement de son obligeant ami ; il aurait trouvé sa maîtresse en tête-à-tête avec son débiteur. »

Eh bien ! cher lecteur, qu'en dites-vous ?

————

CORRESPONDANCE

ROMANTI-PHILOSOPHIQUE

ENTRE

DEUX GRISETTES.

~~~~~~

LETTRE PREMIÈRE.

CLARICE, Lingère, A EUPHÉMIE, ex-
Modiste.

MA CHÈRE AMIE,

Combien tu es heureuse! tandis que,
reléguée dans un obscur comptoir, je
passe dans l'ennui et la servitude une
jeunesse *oisive*, tu habites un brillant
hôtel; tu as des équipages, des gens à
tes ordres; et, parvenue au faîte du bonheur, tu te maintiens avec le plus parfait
équilibre sur la roue tournoyante de

14
~~~~~~

l'aveugle fortune! Ah! ma très-chère, quand le sort me favorisera-t-il assez pour pouvoir, ainsi que toi, dire un éternel adieu à l'aiguille qu'il a mise en mes mains? En attendant cet heureux temps, ne me prive pas du plaisir d'apprendre chaque jour, de toi-même, les détails de la félicité dont tu jouis. On double les jouissances en en faisant le tableau; décrire le bonheur, c'est, pour ainsi dire, le fixer. Ne manque donc pas d'entretenir avec ta fidèle Clarice une correspondance suivie; tu me l'as promis, et je n'ai pas besoin de te rappeler notre ancienne amité pour t'engager à remplir cette promesse; fais-moi confidence de tes plus secrètes pensées, et n'oublie jamais que, dans tes plaisirs comme dans tes peines, tu n'auras pas d'amie plus dévouée que ta

CLARICE.

Ce 17 Juin 182:...

LETTRE II.

Euphémie-de-Saint-Clair a Clarice.

J'ai reçu, ma très-chère, le peu de lignes que tu m'as adressées, et qui m'auraient flattée bien davantage, si je n'avais vu en tête l'épithète d'ex-modiste, dont il t'a plu de me gratifier; il me semble que rien dans ma conduite envers toi n'a prouvé, jusqu'à présent, que j'aie oublié mon premier état. Il était donc tout-à-fait inutile de placer ce mot en tête de ton épître. Ce que j'ai dit, ma très-chère, n'est pas dans l'intention de te faire de la peine ou de t'humilier; mais cette lettre peut tomber entre les mains de quelqu'une des personnes que *je reçois*; et tu sens que, ne fût-ce que pour le *décorum*, il est inutile que l'on sache que la brillante Euphémie de *Saint-Clair* était autrefois tout bonnement Euphémie, la petite modiste.

Que tu as sujet, ma bien bonne amie, d'envier le bonheur dont je jouis! il me paraît un songe. Mon *Monsieur* est si généreux, si empressé, si galant, je ne dirai pas si aimable : car tu sais, ma bonne amie, à son âge on ne l'est guère aux yeux d'une jeune personne; et l'amabilité de mon vieux baron n'est pour moi que dans sa générosité. Moi, je n'ai pas à m'en plaindre : un superbe hôtel à la Chaussée-d'Antin, des équipages, une maison montée sont des preuves sensibles qu'il m'adore. J'ai promis en échange une fidélité à toute épreuve, et je tâche, de mon mieux, à remplir cette promesse.

Je suis allée hier chez madame V....., mon ancienne maîtresse, faire emplette de quelques colifichets; si tu avais vu accourir toutes ces demoiselles quand je suis descendue de voiture ; on voyait l'envie percer à travers le sourire qu'elles m'adressaient. Que j'étais heureuse de leur secrète jalousie! J'étais accompagnée de mon chasseur; c'est un fort joli garçon que mon chasseur! et si ce n'était la distance des rangs..... Mais le *dé-corum* avant tout.

Après avoir fait mes emplettes, je me suis élancée dans *ma voiture*, en répondant par un léger signe de tête aux humbles et respectueuses salutations de la V... et de ses filles. Tu penses que j'ai fait le sujet de leurs conversations pour le reste de la journée.

J'ai reçu ce matin la visite du petit lieutenant des Gardes-du-Corps qui venait papillonner autour de nous chez la V....., il est toujours charmant, toujours frivole; et la frivolité, c'est mon élément. Je lui ai fait promettre de venir ce soir; il y aura cercle: et, ma foi, que mon vieux baron dise ce qu'il voudra, on peut bien recevoir ses amis, du moment où c'est *sans conséquence.*

Tout à toi;

EUPHÉMIE-DE-SAINT-CLAIR.

Ce 18 Juin 182...

LETTRE III.

CLARICE A EUPHÉMIE

Trois lettres restées sans réponse (*) ne me prouvent que trop, ô ma chère Euphémie! que tout entière à tes plaisirs, tu as oublié ta pauvre Clarice; mais, quelle que soit ta froideur envers moi, je trouve toujours un nouveau charme à m'entretenir avec toi de mes ennuis comme de mes plaisirs. Pourquoi faut-il que, depuis huit mortels jours, je fasse seule les frais de notre correspondance, et sembles-tu ne plus exister pour moi?

Je te dirai, ma très-chère, que j'ai fait, depuis peu, la conquête d'un petit étudiant en droit. Ce n'est pas avec de pareilles conquêtes que je puis espérer de t'égaler un jour; mais, que veux-tu? faute de mieux, on prend ce qu'on trouve, d'autant plus que mon nouvel amant

(*) On n'a pu retrouver ces lettres.

joint le sentiment à l'amabilité. Juges-
en par sa déclaration : Mademoiselle,
me dit-il la première fois qu'il me vit,
si vous tenez à avoir un amant riche, je
suis riche aussi, mais en amour, en gaîté.
J'ai de plus quelques dettes, beaucoup
de philosophie, et voilà... Eh bien! ne
voilà-t-il pas une déclaration qui dénote
la franchise? Mon petit étudiant fait
quelquefois des vers; dans ce dernier
cas, le sentiment c'est son fort. Tu en
jugeras par la pièce suivante qu'il m'en-
voya. Si tu trouves un instant pour la lire,
tu avoueras toi-même que rien n'est plus
romantique.

EVANDRE et SARA,

IDYLLE.

Viens, ma douce Sara, viens, amante chérie;
La riante nature a repris ses attraits.
Des aquilons fougueux ne crains plus la furie,
    Viens, les Vents sont muets.

Vois l'agneau se jouer dans la vaste prairie;
Regarde autour de nous : tout présage un beau jour.
Sara, viens avec moi fouler l'herbe fleurie,
    Trône riant d'amour.

Entends auprès de toi ce rossignol qui chante ;
Il répète qu'aimer est le parfait bonheur :
La plante, avec amour, s'incline vers la plante,
   Et la fleur vers la fleur.

La saison du printemps seule à Vénus est chère :
Hâtons-nous d'en jouir ; elle fuit promptement.
Comme on voit disparaître une feuille légère
   Qu'entraîne le torrent.

Ainsi parlait Evandre à Sara jeune et belle,
Et Sara l'écoutait.. Des pleurs mouillent ses yeux.
Evandre fit serment d'être toujours fidèle....
   Evandre fut heureux.

Elle ignorait alors, l'imprudente bergère,
Qu'en amour on pouvait proférer faux serment,
Serment d'aimer toujours !... c'est la feuille légère
   Qu'entraîne le torrent.

Dans le bosquet, témoin d'une ardeur aussi vive,
Chaque jour ramenait Evandre à ses genoux ;
Mais las ! après deux mois, Sara, triste et pensive,
   Vint seule au rendez-vous.

Sa bouche du bonheur ne porte plus l'empreinte ;
Par fois, en longs sanglots sa douleur s'exhalait ;
Elle appelait Evandre... A sa touchante plainte
   Écho seul répondait.

Evandre avait changé : par le chagrin flétrie,
Sara ne revint plus un matin en ce lieu.
L'amante infortunée avait dit à la vie
    Un éternel adieu.

Ainsi, l'on voit souvent d'une faulx meurtrière,
Sur la chétive fleur passer le fer tranchant,
Et disparaître aux yeux une feuille légère
    Qu'entraîne le torrent.

    Voilà, ma très-chère, la production vaporeuse de mon nouvel amant : dis-moi ce que tu en penses; mais plains-moi, surtout, de n'avoir pu faire jusqu'ici de conquêtes plus solides. La maîtresse d'un poète n'aura jamais d'équipage ni d'hôtel à la Chaussée-d'Antin.

    Tout à toi,

Clarice.

Ce 30 juin 182...

LETTRE IV.

EUPHÉMIE A CLARICE.

Combien tu as tort, ma très-chère, d'attribuer le silence que j'ai gardé pendant quelques jours à un manque d'amitié envers toi! Entraînée par le tourbillon des plaisirs, il me reste à peine un instant pour m'occuper de mes affaires. Mon *Monsieur* est toujours si aimable, je veux dire si généreux ! décidément cet homme est un excellent homme, c'est *une bonne éponge à presser;* aussi je ne l'épargne pas : spectacles, soirées, soupers, de la tendresse et des cachemires : il prodigue tout cela avec un empressement qui aurait bien des charmes de la part de tout autre qu'un vieillard; aussi je suis pour lui d'une fidélité !... Le petit lieutenant des gardes-du-corps est le seul homme que j'admette à ma société intime, le seul qui assiste à ma toilette, et. . . . .

(Ici quelques lignes que nous n'avons pu déchiffrer).

Tu avais bien raison, ma très-chère, de nommer l'Idylle que tu m'as fait parvenir, une production vaporeuse ; elle a excité ma sensibilité au point de me donner un tremblement dans les nerfs, qui aurait pu me devenir funeste si je n'avais eu le bon esprit de le faire cesser à temps, en remettant la fin de la lecture de ta pièce tragi-romantique à un autre moment ; j'ai cependant jeté un coup-d'œil sur les dernières stances, et j'en ai conclu que ta Sara n'était qu'une sotte. Se laisser mourir, parce que son amant lui *fait des traits,* quelle bêtise ! ! !

Je t'engage, ma très-chère, si tu veux jouir quelque jour d'un sort brillant, à essayer le pouvoir de tes charmes sur des adorateurs financiers, ce qui ne veut pas dire sur des poëtes. Avec ces messieurs, comme tu le dis fort bien en d'autres termes, la perspective n'est pas riante. Je te souhaite un sort pareil au mien, c'est le vœu le plus favorable que puisse faire pour toi

Ton Euphémie-de-Saint-Clair.

Ce 1er. Juillet 182...

(Soit que l'amitié de mademoiselle Euphémie pour Clarice, en se ralentissant, ait fait cesser les relations entre elles, ou que la suite de cette correspondance se soit perdue, nous n'avons pu rassembler que les quatre lettres que l'on vient de lire. Si quelque jour nous avons le bonheur d'en retrouver quelques autres y faisant suite, nous ne manquerons pas de les publier).

FIN.

Véritable Médecine sans Médecin, ou Sciences médicales, mises à la portée de toutes les classes de la société „d'après les plus savans et les plus célèbres Médecins; par *Morel de Rubempré*, Docteur–Médecin de la Faculté de Paris et membre de plusieurs sociétés savantes. Un fort volume in–12, orné du portrait de l'auteur et de celui des plus célèbres médecins; prix 7 f.

Cet ouvrage, indispensable à tous les ménages, obtient le plus grand succès et mérite de n'être pas confondu avec les ouvrages portant à-peu-près le même titre, et dans lesquels on ne rencontre qu'erreur et charlatanisme.

Histoire naturelle, enseignée en quarante leçons; par *A. Boisduval* et *H. Lecoq*, professeurs d'histoire naturelle. Un fort volume in–12; prix. . . . . 7 f. 50 c.

Cet ouvrage est indispensable à toutes les personnes qui étudient cette science et à toutes celles qui désirent en acquérir la connaissance en très-peu de tems.

Des mêmes auteurs : *La Taxidermie*, ou l'Art d'empailler les oiseaux, les quadrupèdes, les reptiles et les poissons, de recueillir et préparer les coquillages, enseignée en dix leçons.. Un v. in–12, avec plusieurs planches, 3 f. 50c

Le succès qu'obtient cet ouvrage nous dispense d'en donner de longs détails. Les personnes qui s'occupent de cette science, ainsi que les amateurs d'histoire naturelle savent l'apprécier.

Tachéographie, enseignée en cinq leçons, ou nouvelle Méthode pour écrire aussi vite que la parole, en n'employant que les lettres de l'alphabet ordinaire; seconde édition, brochure in-8°.; prix. . . . . 1 f. 5o c.

Cette méthode est la plus facile qui ait paru jusqu'à ce jour; elle sera très-utile aux avoués, avocats, hommes de lettres, étudians de toutes les classes, et généralement à tous ceux qui suivent des cours.

L'Algèbre, enseignée en seize leçons, par *Trastours*, élève de l'Ecole normale. Un vol. in-12; prix. . . . . 2 f. 5o c.

Avec cet ouvrage on peut apprendre l'Algèbre sans maître.

Histoire abrégée de Paris, depuis son origine jusqu'à nos jours, d'après Dulaure et autres; par *Léonard* et *Eugène de Monclave*. Deux fort volumes in-18, bien imprimés. . 7 f.

Vie, Exploits, Triomphes oratoires et derniers momens du général Foy, député de l'Aisne, suivis du Tableau de la journée du 3o novembre et des funérailles du Général, avec les discours prononcés sur sa tombe. Un fort vol. in-18, orné de son portrait. 3 f. 5o c.

Le Nouveau Conducteur, ou Guide de l'étranger aux environs de Paris, contenant la description et l'indication de tout ce qu'il y a de curieux et d'utile à voir, l'indication des jours de fêtes patronales de chaque endroit, suivi de la liste complète de toutes les voitures qui y conduisent, les prix des diverses places, les jours et heures de départ de chacune d'elles, etc. Un fort vol. in-18, orné de six vues des environs, et d'une carte; prix. . . . . . . 4 f.

Le Véritable Conducteur parisien, ou le plus complet, le plus nouveau et le meilleur Guide des étrangers à Paris, indiquant le moyen de connaître, *en douze jours*, tout ce que cette capitale renferme de curieux et d'utile à voir

dans ses douze arrondissemens , décrits séparément. Un fort volume in–18 , orné de 22 vues
des plus beaux monumens et d'un nouveau plan
de cette capitale, contenant tous les changemens
et accroissemens jusqu'à ce jour ; par *Richard*.
Prix. . . . . 4 f.

Nous recommandons cet ouvrage à tous les
étrangers qui désirent avoir une description aussi
juste que détaillée de Paris , notamment à ceux
dont les affaires ne leur permettent pas de sacri-
fier un long tems à connaître toutes ses curiosités.

Le Petit Constitutionnel , chansonnier ; par
Charles Lepage. Un vol. in–18 , orné d'une
jolie gravure ; prix. . . . . 2 f. 50 c.

Ce Recueil contient de très–jolies chansons de
sociétés , aussi gaies que spirituelles.

Le Chansonnier des Théâtres , ou Choix des plus
jolis couplets chantés au théâtre du Gymnase ,
du Vaudeville, des Variétés, de la porte Saint–
Martin et autres , tirés des meilleures pièces de
MM. Béranger , Desaugier , Scribe , Merle ,
Brazier , Carmouche et autres ; première et
deuxième année, 1825 et 1826. Un fort volume
in–18 , et orné chacun d'une gravure , prix de
chaque , se vendant séparément. . 3 f. 50 c.

Chansons nationales nouvelles et autres ; par
Emile Debraux. Un fort volume in–18 , orné
d'une gravure représentant le Grenadier du
mont St.–Jean ; prix. . . . . . 4 f.

Du même auteur : *Nouvelles Chansons nationales
et autres* , ayant paru par livraison , à raison
de 25 cent. la livraison ; format in–32. Cinq
livraisons réunies en un volume ; prix. 1 f. 25 c.

Il paraîtra encore cinq livraisons pour former
un autre volume du même prix.

Chansons nouvelles et inédites. Un v. in–32, dans
lequel se trouvent le pot-pourri sur la mort

de la loi d'amour et de justice, et une Chanson ayant pour titre l'*Accouchement de monsieur de Peyronnet* ; prix . . . . 1 f. 25 c.

Nouvelles Chansons. Un vol. in–18, orné du portrait d'*Emile Debraux*, et de celui de *Napoléon* sur le rocher de Saint–Hélène, tome deuxième de ce format, 1828; prix. . 4 f.

L'Enfant de la Goguette. Un vol. in–18, avec gravures ; prix. . . . . . 2 f.

Tous ces Chansonniers réunis forment le Recueil complet de toutes les chansons d'Emile Debraux. Le succès continuel qu'ont obtenus ces chansons, par leur popularité, nous dispense d'en parler.

Odryana, ou la Boîte au gros Sel, Recueil complet de calambourgs, bons mots, saillies, rébus, coq-à-l'âne, etc., de M. *Odry*, artiste du théâtre des Variétés. Un vol. in–18, avec une gravure représentant Odry, dans la pièce des Deux Jokos ; prix . . . . . 2 f.

Grande Biographie dramatique, ou Silhouette des acteurs, actrices, danseurs et danseuses de Paris et des départemens, suivie de leurs adresses et ornée du portrait de Philippe. Un vol. in–18 ; prix . . . . . 2 f. 50 c.

Cet ouvrage contient des aventures très–curieuses arrivées à plusieurs actrices et est recherché par les personnes qui désirent connaître la vérité sur chacune d'elles.

Promenade philosophique et sentimentale au cimetière du Père-Lachaise ; par *Chenechot.* Un volume in-18, avec gravure; prix . 2 f.

Manuel complet de la Toilette, ou l'Art de s'habiller avec élégance, et Méthode contenant *l'Art de mettre sa Cravate*, démontré en 3o leçons, avec une planche représentant les diverses manières de faire les nœuds de la cravate;

par M. et Mme. *Stop*, orné de leurs portraits.
Un volume in—18; prix . . . . . . 2 f.

Manuel de l'Amateur d'huîtres, contenant l'art de les pêcher, de les parquer, de les faire verdir, de les préserver des maladies qui peuvent les attaquer, de les conserver fraîches pendant long-tems, de reconnaître celles qui sont dans cet état et de les ouvrir avec facilité; avec des détails sur les qualités alimentaires et propriétés médicales de ce mollusque, suivi de l'adresse des écailleurs dans les divers quartiers de Paris; par M. *Leclerc*, docteur-médecin, naturaliste. Un volume in—18, avec une gravure; prix . . . . 1 f. 50 c.

u même auteur: *Manuel de l'Amateur de café*, ou l'Art de cultiver le cafeyer, de le multiplier, d'en récolter le fruit et d'en préparer agréablement et économiquement la boisson, par tous les procédés, tant anciens que nouveaux. Un vol. in—18, orné d'une gravure; prix . . . . 1 f. 50 c.

L'Art de n'être jamais tué ni blessé en duel, sans avoir pris aucune leçon d'armes et lorsque l'on aura affaire au premier tireur de l'univers, enseigné en dix leçons; par un Grognard. Un vol. in—18, avec gravure; prix. . 2 f. 50 c.

L'Art de rendre les Femmes fidèles et de ne pas être trompé par elles, enseigné en 5 leçons, à l'usage des maris et des amans; par *Lami*. Un volume in—18; orné d'une gravure; pr. 2 f.

L'Art de se faire aimer de son mari; par Mme. la vicomtesse de G*****. Un vol. in—18, orné d'une gravure; prix. . . . . . 1 f. 50 c.

L'Art de se faire aimer de sa femme; par le comte *Adrien de* B***. Un v. in—18; 1 f. 25 c.

L'Art de réussir en amour, enseigné en vingt-cinq leçons, ou nouveaux Secrets de triompher des femmes et de les fixer. Un volume in-18, avec deux gravures; prix. . . . . 2 f.

Manuel du jeune homme et de la jeune demoiselle à marier, ou le Conjugalisme, leur indiquant ce qu'ils doivent savoir avant le mariage, la manière de prendre secrètement les renseignemens sur les familles dans lesquelles ils veulent entrer, suivi d'une dissertation sur les diverses manières de célébrer les mariages dans tous les pays du monde; par *Lami*. Un volume in-18, avec gravure; prix . . . 2 f. 5o c.

Grammaire allemande, pour les allemands; par *Meidinger*. Un volume in-8°., prix. . . 5 f.

Idem, à l'usage des français; prix. . . . 5f.

Fables de Lessing, en allemand; prix 1 f. 5o c.

Le Tableau de l'Amour conjugal. 4 v. in-18; 5f.

Biographie des Nymphes du Palais-Royal. Un volume in-18, avec leurs adresses, orné d'une gravure; prix. . . . . . . 3 f.

Le Palais-Royal, ou les Filles en bonne fortune, coup-d'œil sur le Palais-Royal en général, les filles publiques, les mères abbesses, les marchandes de modes, les maisons de jeux, etc. 4ᵉ édition. Un v. in-18, avec grav.; 1 f. 5o c.

Le grand et nouveau Catéchisme poissard, on Vadé ressuscité. Un v. in-12, avec grav. 2 f. 5o c.

L'Ane, le Curé et les Notables de Vanvre; par *Rigolet de Juvigny*. Un volume in-18, avec gravure; prix . . . . . . 2 f. 5o c.

OUVRAGES IN-32.

Dénonciation des crimes et attentats des Jésuites, dans tous les pays du monde; par *Listhme*. Un volume; prix . . . . . 1 f.

OEuvres de Grecourt. Un volume; pr. 75 cent.

Nouvelle Traite des Blancs. . . 5o cent.

Le Régulateur des Montres et Horloges; par *Teyssèdre*. Un volume; prix . . 5o cent

METZ.—IMPRIMERIE D'E. HADAMARD.